Nima Mohseni

Estratégias de implementação para uma frota de veículos aéreos não tripulados

Nima Mohseni

Estratégias de implementação para uma frota de veículos aéreos não tripulados

ScienciaScripts

Cover image: www.ingimage.com

This book is a translation from the original published under ISBN 978-620-2-30423-8.

Publisher:
Sciencia Scripts
is a trademark of
Dodo Books Indian Ocean Ltd. and OmniScriptum S.R.L publishing group

120 High Road, East Finchley, London, N2 9ED, United Kingdom
Str. Armeneasca 28/1, office 1, Chisinau MD-2012, Republic of Moldova, Europe
Managing Directors: Ieva Konstantinova, Victoria Ursu
info@omniscriptum.com

Printed at: see last page
ISBN: 978-620-8-59555-5

Resumo

As comunicações de voz e dados sem fios tornaram-se uma parte essencial do nosso quotidiano. A fim de fornecer estes serviços ao maior número possível de pessoas, foi criada uma grande infraestrutura nas últimas duas décadas em todo o mundo. A infraestrutura atual consiste principalmente em torres de telemóveis com portas de ligação à espinha dorsal das telecomunicações. A infraestrutura sem fios está a fazer um trabalho adequado no fornecimento de serviços de voz e de dados, tornando-se mais potente e eficiente todos os dias. No entanto, como a infraestrutura sem fios se baseia principalmente em torres de telemóveis fixas, falta-lhe a flexibilidade e o dinamismo que podem ser necessários em vários cenários importantes. Por exemplo, uma catástrofe natural ou provocada pelo homem, como um terramoto ou uma guerra, resulta frequentemente na destruição parcial ou total das redes eléctricas e da infraestrutura celular. O nosso atual sistema celular não tem capacidade para restabelecer o serviço em tempo útil nestas situações, quando é mais necessário. Outro cenário em que um sistema celular fixo pode ser problemático é numa área metropolitana em que há uma grande mudança na procura de serviços em áreas específicas em momentos específicos. Nestas situações, é desejável um sistema mais dinâmico e móvel. Outro exemplo pode ser um estádio desportivo ou um grande centro de convenções que necessite de fornecer serviços a um grande número de utilizadores durante um evento. Existem muitos exemplos deste género. No entanto, se colocarmos várias torres fixas para responder a essa necessidade, estas serão desperdiçadas no resto do tempo.

O aparecimento de sistemas aéreos não tripulados (UAS) para utilização em aplicações comerciais e civis constitui uma solução para acrescentar dinamismo e flexibilidade à atual infraestrutura sem fios. Em particular, estamos a analisar um UAS que consiste principalmente em vários veículos aéreos não tripulados (UAV) de gama baixa. Cada um destes UAV actuará como um fornecedor de serviços sem fios, constituindo uma rede que cobre uma área específica e encaminhará a comunicação através de uma estação terrestre ligada à espinha dorsal ou a uma ligação por satélite. Este sistema é muito flexível e dinâmico. Este sistema pode ser implantado de forma eficiente e rápida quando surge a necessidade, como numa catástrofe natural ou provocada pelo homem. Pode também ser utilizado como parte auxiliar de uma infraestrutura fixa em funcionamento normal para acrescentar dinamismo e fornecer serviços adicionais temporários em locais e momentos em que são necessários. Estes podem ser reutilizados noutras áreas, noutros momentos. As redes de UAV podem variar em diferentes aspectos, como o dinamismo da rede e a topologia da rede. Se for cuidadosamente concebido, este sistema não só pode salvar vidas em caso de catástrofe, como também pode ser rentável para complementar a infraestrutura celular em situações normais.

A conceção de um UAS para fornecer serviços sem fios exige muita investigação interdisciplinar, desde a conceção dos próprios UAV até à conceção da carga útil que fornece os serviços sem fios e acomoda a interligação da rede sem fios a si própria ou à estação terrestre. Neste trabalho, consideramos as limitações dos elementos que compõem um sistema deste tipo e o modo como afectam a cobertura que podem fornecer em cenários práticos. Discutimos os atributos sistemáticos e físicos dos UAVs e modelamos matematicamente as limitações que estes impõem ao desempenho do sistema. Depois de estabelecermos parâmetros restritivos razoáveis, definimos um problema de otimização em que, para um determinado conjunto de UAV e uma determinada área a servir, respondemos à questão de como colocar cada UAV de forma a obter a máxima cobertura possível. Foi discutida a ideia de ter um mapa da população como entrada para o nosso problema de otimização e como obter um mapa aproximado. Em seguida, são discutidas, simuladas e comparadas várias soluções sub-óptimas para o problema de otimização em relação a alguns mapas populacionais típicos. Também consideramos o que muda quando aplicamos as mesmas abordagens a áreas maiores e introduzimos o conceito de reconfiguração como parte importante do sistema nestes casos. Em seguida, apresentamos diferentes abordagens para a reconfiguração, discutindo as suas vantagens e desvantagens. Os nossos resultados de simulação mostram que, para ter sistemas práticos em grandes áreas, ou o número de UAVs deve aumentar significativamente, ou é necessário conceber uma carga útil muito potente que proporcione uma maior capacidade para cada UAV.

Agradecimentos

"Em primeiro lugar e acima de tudo, a minha maior gratidão ao Dr. Ebrahim Saberinia. As suas ideias e comentários ajudaram-me imenso durante este período. Foi uma honra trabalhar com o Dr. Shahram Latifi, a Dra. Emma Regentova e o Dr. Yoohwan Kim e os meus mais sinceros agradecimentos a todos eles.

Gostaria também de expressar o meu apreço ao Departamento de Engenharia Eletrotécnica e de Computadores, aos seus professores e funcionários pelo seu apoio.

Agradeço também a todos os meus amigos e colegas que têm sido uma parte muito importante da minha vida pessoal e profissional: Vahid Vahidi, Ali Saber, Kimberly Helmick e muitos outros.

Por último, mas não menos importante, este trabalho é dedicado à minha irmã, Newsha Mohseni, por ser a pessoa mais carinhosa e encorajadora de todas em todas as fases da minha vida. "

Índice

Capítulo 1

1. Introdução

Os telemóveis tornaram-se uma necessidade para muitas pessoas em todo o mundo. A capacidade de se manter em contacto com a família, os colegas de trabalho e o acesso ao correio eletrónico são apenas algumas das razões para a crescente importância dos telemóveis. Os telemóveis tecnicamente avançados de hoje são capazes não só de receber e fazer chamadas telefónicas, mas também de armazenar dados, tirar fotografias e podem até ser utilizados como walkie talkies, para citar apenas alguns exemplos" [1]. Os telemóveis são a forma perfeita de se manter em contacto com os outros e proporcionam aos utilizadores uma sensação de segurança [1]. Há muitas outras funções que os telemóveis desempenham nas nossas vidas. Por exemplo, em caso de emergência, ter um telemóvel pode permitir que a ajuda chegue rapidamente até si, tranquilizar os outros quanto à sua segurança e, possivelmente, salvar vidas. No entanto, a importância dos telemóveis vai muito para além deste exemplo [1]. Os telemóveis modernos permitem o acesso à Internet, o envio e a receção de fotografias e ficheiros que podem servir para trabalhar ou para muitas outras funcionalidades, e alguns telemóveis estão equipados com tecnologia GPS, permitindo encontrar o telemóvel ou localizar o utilizador em caso de emergência na maior parte dos locais do mundo [1]

Os benefícios dos telemóveis em termos de comunicação podem ser aplicados na ajuda em caso de catástrofe. Quando uma guerra ou uma catástrofe natural causam estragos em todo o mundo e milhões de pessoas são deslocadas ou feridas, um dos aspectos mais importantes da ajuda em caso de catástrofe é fornecer alguns meios de comunicação para as equipas de emergência, como os prestadores de cuidados médicos. No entanto, muitas vezes essas catástrofes destroem as redes eléctricas e as infra-estruturas celulares. Nessas alturas, podemos normalmente fornecer uma série de locais de ligação por satélite ou outras peças de infraestrutura celular de passagem, mas a questão de como distribuir a conetividade em tais terrenos e como fornecer as funções básicas necessárias mantém-se. Não esquecer que muitas destas funções, como o GPS [2], podem salvar vidas.

Por outro lado, na vida quotidiana das empresas de comunicações, a natureza dinâmica da procura e a localização em constante mudança dessa procura fizeram com que essas empresas investissem uma grande soma de dinheiro em equipamento de comunicações. Uma grande parte deste dinheiro é gasta em torres e outros equipamentos de comunicação, porque o aumento da procura tornou muitas das torres atualmente instaladas incapazes de servir tantos utilizadores. Não esquecer que muitas destas exigências são dinâmicas por natureza e mudam de hora a hora, pelo que, para acompanhar estas exigências, as empresas precisam de ter a capacidade de responder a todas as exigências dos clientes num dado momento. Isto é conseguido através da conceção das suas redes com base no pior cenário possível. Isto não só está a custar a estas empresas uma grande soma de dinheiro, mas também a enorme pressão sobre as redes em alguns pontos faz com que as topologias de rede implementadas cheguem ao extremo e, mais vezes do que nenhuma, isto resultará numa comunicação não fiável.

Em ambos os problemas, a utilização de uma rede baseada em UAV oferecerá uma óptima solução para os problemas. As redes de UAV podem variar de lentas e dinâmicas a muito dinâmicas; têm ligações intermitentes e diferentes topologias. Com estas capacidades, as vantagens da utilização destas redes são óbvias. Como referido em [3], os relatórios sugerem muitas utilizações prometedoras para os drones na assistência a catástrofes. Ao mesmo tempo, com base no cálculo aprofundado dos custos das redes celulares e na economia básica das redes de drones, explicado em [4], é óbvio que a utilização destas redes não só será crucial em situações de limitação da precisão, como também será rentável em muitas outras. No entanto, devido a algumas dificuldades na topologia da rede e na implantação destas redes, estas ainda não são utilizadas de forma generalizada [5].

A investigação sobre redes de UAS é promissora em muitos aspectos. O elevado dinamismo e a reutilização destes sistemas podem ser úteis em muitas situações. No entanto, apesar da promessa dos UAS, há muitas questões que temos de resolver antes da plena realização de uma rede de UAS. A utilização efectiva dos UAS depende de muitos aspectos. A conceção, a implementação e a configuração estão entre as partes importantes de qualquer UAS. Há investigação em muitos domínios da conceção de UAS. Em [5], os autores tentam classificar diferentes UAS com base nos seus atributos. Falam de muitas caraterísticas das redes de UAV e respondem a algumas questões-chave no que respeita à adequação da utilização de UASs em diferentes cenários. Falam também de diferentes abordagens que temos à nossa frente no que respeita às redes de UAS. Eis algumas das abordagens que temos de considerar antes de qualquer tentativa de implementação:

- Rede baseada em infra-estruturas ou ad hoc

- Cada UAV como servidor ou cliente

- Topologia de rede em estrela ou em malha para ligações entre UAV e ligação à estação de base

- Atrasos e interrupções nas redes de UAV

Avançam ainda para os problemas de encaminhamento que uma rede baseada em UAV terá de enfrentar. Comparam as diferenças entre protocolos de encaminhamento estáticos, protocolos de encaminhamento proactivos, protocolos de encaminhamento reactivos e protocolos de encaminhamento híbridos. O protocolo de encaminhamento é um dos principais problemas numa rede com um dinamismo tão elevado. Os autores analisam cada um dos seguintes métodos gerais de encaminhamento e comparam os seus resultados.

- Encaminhamento determinístico
- Encaminhamento estocástico
    - o Abordagem baseada no encaminhamento epidémico
    - o Abordagem baseada em estimativas
    - o Abordagem baseada no controlo do movimento dos nós
    - o Abordagem baseada na codificação
- Abordagem baseada nas redes sociais

No final, falam da transferência de redes de UAV e dos seus desafios. Nas suas próprias palavras: "As redes de UAV estão a crescer em importância e interesse geral para aplicações civis. Proporcionar uma boa conetividade inter-UAV e ligações aos utilizadores e a qualquer estação terrestre é um grande desafio. A investigação relacionada com as redes em malha ad hoc móveis está a ser aplicada às redes de UAV, mas mesmo a primeira é uma área em evolução. Além disso, um certo número de caraterísticas, como a dinâmica dos nós, a topologia fluida, as ligações intermitentes, as limitações de energia e de largura de banda, distinguem as redes de UAV de todas as outras que foram objeto de investigação anteriormente. Alguns investigadores consideram que é necessário reconstruir tudo de raiz. Isto inclui caraterísticas da camada física, da camada de ligação de dados, da camada de rede e da camada de transporte". Há mais investigação que tenta resolver os problemas básicos de conceção dos UAS. No entanto, ainda há mais trabalho a fazer.

Para além das questões de conceção dos UAS, outro tópico em que nos devemos concentrar é o estado atual dos UAV disponíveis comercialmente. Em [6], os autores estão a avaliar a viabilidade de UAVs com aplicação civil para imagiologia aérea. Afirmam que "De acordo com um relatório de um fornecedor independente de informações comerciais para a indústria da defesa, as despesas globais em 2009 com veículos aéreos não tripulados (U A V) atingem 5,1 mil milhões de dólares. Durante o período de previsão de 2010-2020, o mercado acumulado de UAV totalizará quase 71 mil milhões de dólares. As receitas estimadas para o período de 2010 a 2015 estão estimadas em 62 mil milhões de dólares, com 5,5 mil milhões de dólares gastos globalmente só em 2010". É evidente que, com o crescimento da procura, assistiremos a um aumento dos UAV espaciais comerciais. No entanto, como podemos ver no seu estudo sobre UAV civis e militares, existe um grande fosso entre os UAV desenvolvidos para fins militares e as aplicações comerciais. Afirmam que há uma lacuna a preencher para satisfazer a atual procura de UAV civis de baixo custo. Propõem mesmo uma conceção de UAV para colmatar essa lacuna. "Identificámos com êxito a atual lacuna existente nos UAV civis, utilizados principalmente para a atividade de fotografia aérea. Embora os UAV militares representem uma solução para a atual procura comercial, o elevado custo de aquisição desencorajou essa abordagem". Esta lacuna entre os UAV comerciais atualmente disponíveis e os UAV militares é outro obstáculo à implementação de UAS para diferentes fins, como os UAS que fornecem serviços celulares e de dados.

Mesmo que todos os problemas acima referidos pudessem ser resolvidos, subsistiria ainda o problema da implantação e da reconfiguração. Em muitos casos, a posição dos UAV deve refletir algum parâmetro do ambiente. Se estivermos a seguir a vida selvagem numa selva, os UAV devem posicionar-se para monitorizar o maior número possível de animais. Se estivermos a fornecer serviços celulares e de dados numa área, os UAVs devem posicionar-se para fornecer o maior número possível de serviços aos utilizadores. Em [7], os autores tentam resolver o problema do posicionamento com um UAS constituído por um pequeno número de UAVs de média altitude e longa duração (MALE) equipados com comunicações. Apresentam duas soluções possíveis baseadas numa abordagem evolutiva e na teoria dos jogos. Definem os seus parâmetros como se mostra no quadro abaixo e continuam a implementar estas abordagens e a comparar os seus comportamentos de voo e o seu desempenho.

Parameter	Value
Scenario area	100*100 km
Ground Elevation angle	10 degree
Initial UAV altitude	15000 ft.
Average UAV speed	270 Km/h
Frequency band	5 GHz
Antenna	Conical horn
UAV to UAV data rate	20 Mbit/s
Mobile downlink data rate	2 Mbit/s
Number of mobiles	200
Average mobile speed	15 m/s

Tabela 1.1: Parâmetros do problema em [7]

Embora a sua abordagem possa ser viável para alguns UASs e algumas missões, há muitas mais limitações que temos de considerar ao conceber o UAS. Os UAVs que consideram para este projeto são UAVs topo de gama, como se pode ver no quadro acima, que podem não ser muito acessíveis para muitas aplicações comerciais. Existem muitas outras limitações, como a limitação da distância de ligação entre UAV e UAV e a pegada de cada UAV, que alteram drasticamente o problema.

Como vimos nestas análises, há muitas partes deste problema. Para realizar um UAS que possa fornecer serviço celular e de dados numa área, precisamos primeiro de ter um UAV fisicamente capaz de realizar a tarefa. Isto implica um UAV que possa suportar a carga útil necessária para a missão e que tenha tempo de voo suficiente. De seguida, temos de resolver o problema da implantação e reconfiguração do sistema. Depois disso, a questão que resta é a configuração da rede do sistema. Como se depreende destes documentos, há ainda um longo caminho a percorrer antes de podermos realizar plenamente um tal sistema. Neste trabalho, vamos enfrentar estes problemas e resolvê-los de uma forma mais metódica, para que seja aplicável a diferentes cenários e ambientes.

Capítulo 2

2. Componentes do sistema e suas limitações

2.1. Introdução

Neste capítulo, discutimos os elementos individuais que compõem um sistema de UAV que fornece serviços celulares. Começamos por uma categorização dos VANT, com um breve levantamento dos actuais VANT disponíveis no mercado. Em seguida, falaremos sobre o hardware e o software de um UAS que consiste em veículos aéreos não tripulados de média altitude e longa duração (MALE UAVs). O objetivo deste sistema é fornecer serviços de comunicação e de sondagem em diferentes cenários. Em seguida, vamos centrar-nos no hardware disponível para este tipo de projectos e na carga útil dos UAV. De seguida, falaremos sobre a estação terrestre e as limitações que enfrentamos a esse respeito. Por último, analisaremos alguns exemplos para especificar melhor as diferenças entre estes cenários e o tipo de abordagens adequadas para os mesmos.

2.2. Veículos aéreos não tripulados

Tipicamente, uma frota de veículos aéreos não tripulados que fornecem serviços de comunicação e sondagem consiste em vários tipos de UAV que têm diferentes funções, tais como fornecer cobertura, fornecer comunicação intersistemas e digitalização de localização geográfica. Embora existam mais funções e sistemas mais complexos do que os acima mencionados, neste capítulo explicaremos o sistema mais básico e as funções mais importantes. Mencionaremos algumas estações de base que são portas de ligação entre o sistema e a espinha dorsal das comunicações. A parte de software destes sistemas inclui abordagens que determinam a localização e a configuração dos UAVs e das estações de base numa determinada situação. Nesta secção, começamos por apresentar o problema comum de cobertura das redes de UAV e uma panorâmica dos diferentes UAV disponíveis para o problema e das funções necessárias num sistema básico de UAV. Falaremos sobre a carga útil de comunicação necessária para os diferentes aspectos dos sistemas de UAV e apresentaremos a hipótese de um UAV adequado para a tarefa. Em seguida, apresentaremos os tipos de estações de base, especificamente as estações terrestres, e faremos uma panorâmica de alguns produtos comerciais nesta categoria. Em seguida, vamos também propor uma estação de base adequada, com base nos produtos apresentados.

2.2.1. Problema de cobertura em redes de UAV e seus atributos únicos

Nesta secção iremos abordar o nosso tópico principal sobre os tipos de UAVs e sistemas baseados em UAVs introduzindo o problema básico que qualquer sistema UAV tenta resolver, o problema da área de cobertura. Este problema é geralmente definido como um problema de quão bem as redes de UAV são capazes de monitorizar um determinado espaço, e quão bem os UAVs dentro de uma rede são capazes de cooperar uns com os outros [8]. O problema de cobertura de área em redes cooperativas de UAV é a base de muitas aplicações, como a que temos neste trabalho. O problema de cobertura de área é um problema clássico numa rede de sensores sem fios, tendo já sido efectuada uma extensa investigação e apresentadas muitas abordagens. Os UAV podem levar consigo um sensor sem fios durante as suas missões, pelo que as soluções para os problemas de cobertura nas redes de sensores sem fios podem, por vezes, ser também aplicadas às redes de UAV. No entanto, uma rede de UAV tem as suas próprias caraterísticas, o que conduz a muitas soluções novas. Em primeiro lugar, a mobilidade é a caraterística mais óbvia dos UAV, o que torna as abordagens de cobertura muito complicadas, uma vez que as abordagens de cobertura existentes nas redes de sensores sem fios são, na sua maioria, de cobertura estática. Em segundo lugar, ao desenvolver abordagens de cobertura, é necessário ter em conta muitos condicionalismos, como a curta duração da bateria, as comunicações limitadas e os obstáculos dentro da área de monitorização. Em terceiro lugar, a robustez e o atraso das abordagens de cobertura são factores importantes que devem ser considerados. Embora o problema da cobertura de área tenha sido profundamente estudado em redes de sensores sem fios, a investigação do mesmo problema em redes de UAV está ainda em curso [8]. Antes de entrarmos nos tipos de UAV e na razão pela qual os seus atributos tornam o problema de cobertura exclusivo dos UAV, comecemos por falar do tipo de cobertura que os UAV podem fornecer.

2.2.1.1. Tipo de cobertura

"Diferentes tipos de cobertura dependem de diferentes movimentos do UAV. Um UAV tem diferentes tipos de movimentos, tais como pairar, estagnar, voar, etc. Se um UAV se mantiver a pairar durante todo o tempo de missão, podemos considerá-lo um nó estático e o problema de cobertura é agora designado por cobertura estática. Assim, o problema de cobertura dos VANTs passa a ser o problema de cobertura das redes de sensores sem fios, que tem sido objeto de investigação aprofundada" [8]. Em [9], os autores fazem um excelente resumo sobre este problema em redes sem fios com missões sensoriais. "Esta discussão também é apropriada para o problema de cobertura estática de UAVs. Como mencionado anteriormente, a mobilidade é a caraterística mais importante dos UAVs. Se um UAV continuar a voar durante todo o tempo da missão, chamamos-lhe cobertura dinâmica. Para um campo do mesmo tamanho, a cobertura dinâmica necessita de menos UAVs, mas terá obviamente uma precisão de cobertura pior do que a cobertura estática" [8]. Como é evidente, o tipo de cobertura depende do movimento dos UAVs que estão a prestar o serviço. Nas figuras um e dois mostramos a diferença entre os tipos de cobertura. Esta é uma das muitas questões a que cada UAS tem de responder antes da sua utilização e a resposta depende dos objectivos da missão e do ambiente.

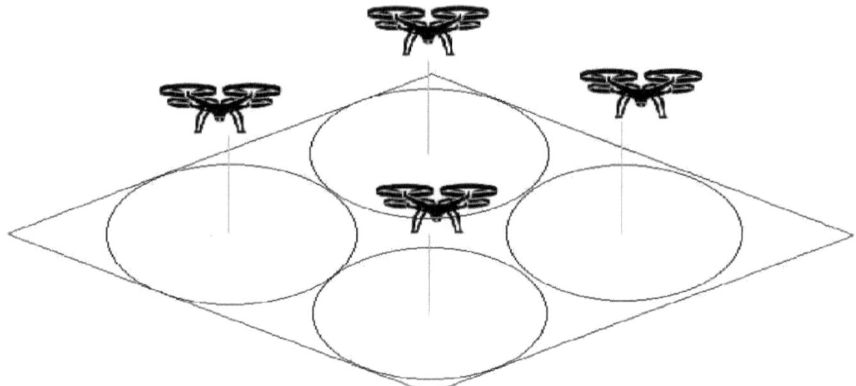

Figura 2.1: Cobertura estática

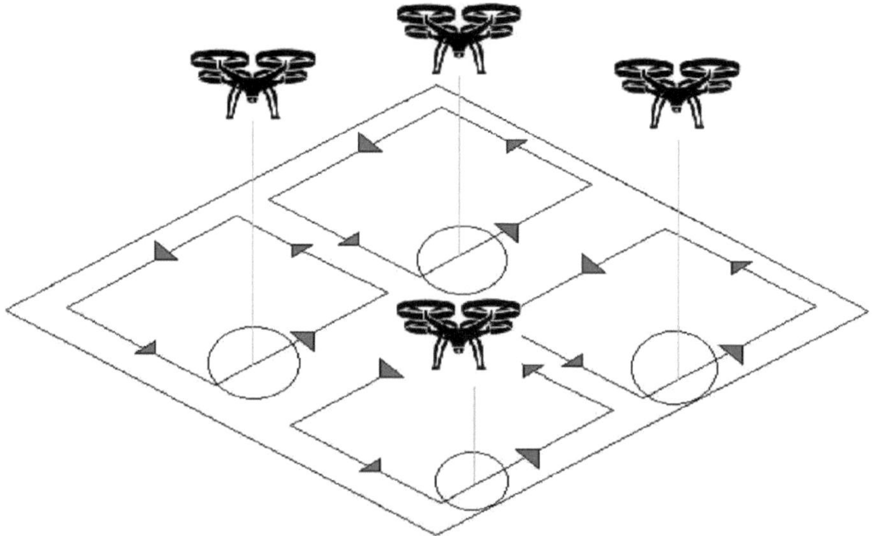

Figura 2.2: Cobertura dinâmica

2.2.2. Atributos únicos de um sistema UAV

Agora que falámos sobre os tipos de cobertura que uma rede de UAV pode fornecer, é altura de aprofundar a compreensão das caraterísticas dos sistemas de UAV e dos seus atributos. Em suma, queremos explicar o que torna um sistema de UAV diferente de qualquer outro sistema de UAV. Vamos tentar analisar cada um destes atributos e dar uma breve explicação de cada um deles.

2.2.2.1. Número de UAVs num sistema:

Para qualquer problema, há sempre a opção de escolher um UAV ou uma combinação de vários UAVs. Existem diferentes problemas que podem surgir desta decisão e é por isso que é importante considerar a situação antes de escolher um em vez de outro. Vamos analisar algumas destas caraterísticas para determinar qual o tipo de sistema que melhor se adequa ao nosso problema. Comecemos pela escalabilidade do sistema. Se tivermos um UAV, não teremos qualquer escalabilidade no sistema e não poderemos reavaliar dinamicamente o problema e a sua escala. É importante notar que, no entanto, a utilização de um único UAV, por mais potente que seja, resultará numa escalabilidade limitada do sistema. O impacto da falha é outro problema dos sistemas de um único UAV. Em caso de falha, todo o sistema fica em baixo. No entanto, num sistema com vários UAV, é possível reconfigurar o sistema e, mesmo assim, obter uma solução não óptima. A velocidade do sistema num sistema de um único UAV depende da velocidade do UAV, mas em qualquer altura só teremos uma velocidade, que pode não ser adequada para todas as diferentes funções que o UAV irá desempenhar. Num sistema de vários UAV, podemos ter velocidades diferentes para papéis diferentes, dependendo das limitações do hardware e das capacidades do sistema. A última questão que vamos ter em consideração é o custo do sistema. Para o mesmo problema, utilizar vários UAV mais pequenos custará menos do que utilizar um UAV topo de gama com capacidade para todas as funções. Com base nesta discussão, determinámos que a utilização de um sistema de vários UAVs será mais adequada ao problema deste trabalho do que a utilização de um único UAV.

2.2.2.2. Configuração do UAV

Agora que determinámos que teremos vários UAVs no sistema, precisamos de falar sobre a comunicação que terão entre si e com a estação terrestre. Há diferentes formas de olhar para um sistema de UAVs, cada uma com as suas próprias aplicações, mas para o âmbito deste trabalho precisamos de determinar que tipo de configuração queremos para os UAVs. Como referido em

[5], "a maior parte da literatura disponível trata as redes de UAV como redes ad hoc. A investigação sobre MANETs e VANETs é frequentemente citada com referência a redes de UAV, mas não aborda completamente as caraterísticas únicas das redes de UAV. Consoante a aplicação, a rede de UAV pode ter nós fixos, de movimento lento ou altamente móveis. Muitas aplicações exigem que os nós dos UAV actuem como estações de base no céu para fornecer cobertura de comunicação a uma área. Ao contrário das redes ad hoc MANET e VANET, as redes de UAV podem comportar-se mais como redes baseadas em infra-estruturas para estas aplicações. Os UAV comunicam entre si e também com o centro de controlo".

Essa rede assemelhar-se-ia à rede sem fios fixa com UAV como estações de base , exceto pelo facto de serem aéreas. Há uma classe de aplicações em que os nós seriam altamente móveis e comunicariam, cooperariam e estabeleceriam a rede dinamicamente de uma forma ad hoc. Nesse caso, a topologia pode ser determinada e os nós envolvidos no encaminhamento de dados podem ser decididos dinamicamente. Há muitas questões que afectam tanto as redes baseadas em infra-estruturas de UAV como as redes ad hoc de UAV. Por exemplo, a substituição de nós por novos nós quando estes falham ou a sua energia se esgota. Outro ponto de distinção é o facto de o nó atuar como servidor ou cliente. Nas redes veiculares, são normalmente clientes; nas redes ad hoc móveis, na maioria das vezes, são clientes e podem também prestar serviços de encaminhamento de dados a outros clientes. Nas redes de UAV, os UAV têm normalmente a função de encaminhar pacotes para os clientes ou de retransmitir os dados dos sensores para os centros de controlo. A arquitetura das redes de UAV para aplicações de comunicação é uma área pouco estudada. A configuração mais simples é a de um único UAV ligado a um centro de comando e controlo em terra. Numa configuração multi-UAV, as topologias comuns que podem ser realizadas são: Estrela, Multi-Estrela, Malha e Malha Hierárquica. No caso da topologia em estrela, todos os UAV estariam ligados diretamente a um ou mais nós terrestres e toda a comunicação entre os UAV seria encaminhada através dos nós terrestres. Isto pode resultar no bloqueio das ligações, numa latência mais elevada e na necessidade de ligações descendentes mais dispendiosas e de elevada largura de banda [5].

Na figura 2.3 mostramos os conceitos básicos de (a) configuração em estrela, (b) configuração multi-estrela, (c) redes em malha flay e (d) redes em malha hierárquica. Como se pode ver na figura, o tipo de rede afecta a ligação da estação terrestre à rede do UAV, bem como o tipo de ligações que os UAVs têm entre si. Isto, por sua vez, resultará em diferentes sobreposições e respostas a eventos no sistema.

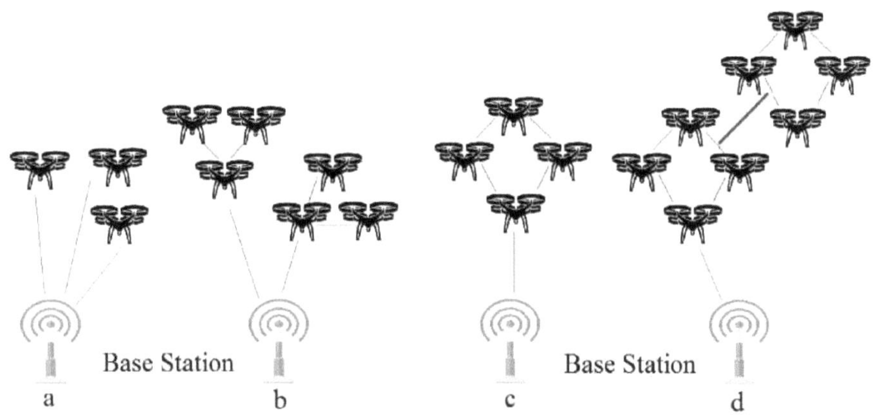

Figura 2.3: (a) Configuração em estrela, (b) Configuração multi-estrela, (c) Rede em malha plana, (d) Rede em malha hierárquica

As configurações em estrela sofrem de uma latência elevada, uma vez que o comprimento da ligação descendente é superior à distância entre os UAV e toda a comunicação tem de passar pelo centro de controlo em terra. Além disso, se o centro de controlo em terra falhar, não há comunicação inter-UAV. No entanto, na maioria das aplicações civis, o funcionamento normal não exige que a comunicação entre UAVs seja encaminhada através do nó terrestre. Uma arquitetura que suporte esta situação resultaria numa redução da necessidade de largura de banda de ligação descendente e numa melhoria da latência devido a ligações mais curtas entre os UAV. No caso das redes em malha, os UAVs estão interligados e um pequeno número de UAVs pode ligar-se ao centro de controlo [5]. As figuras 2.3(c) e 2.3(d) mostram redes em malha planas e hierárquicas.

Como referido em [5], alguns autores consideram que as tecnologias de rede convencionais não podem satisfazer as necessidades das redes de UAV. A literatura relacionada aponta para a aplicabilidade das redes em malha para aplicações civis. Normalmente, existem ligações múltiplas num ou mais rádios, interferências entre canais, alterações na potência de transmissão devido a restrições de potência, alterações no número de nós, alterações na topologia, no terreno e efeitos climáticos. Nas redes ad hoc, os nós podem afastar-se, as formações podem quebrar-se e, por conseguinte, as ligações podem ser intermitentes. As redes em malha sem fios, devidamente adaptadas, podem resolver alguns destes problemas. Para resolver estes problemas, a rede tem de ser auto-regenerativa, com ligação e reconfiguração contínuas em torno de um caminho interrompido. Em comparação com as redes em estrela, as redes em malha são flexíveis, fiáveis e oferecem melhores caraterísticas de desempenho. Numa rede em malha sem fios, os nós estão interligados e podem, normalmente, comunicar diretamente em mais do que uma ligação. Um pacote pode passar por nós intermédios e encontrar o seu caminho de qualquer origem para qualquer destino em vários saltos.

As redes sem fios totalmente ligadas têm as vantagens da segurança e da fiabilidade. Uma rede deste tipo pode utilizar a técnica de encaminhamento ou de inundação para enviar mensagens. O protocolo de encaminhamento deve assegurar a entrega de pacotes da origem ao destino através de nós intermédios. Existem várias rotas e o protocolo de encaminhamento deve selecionar a que satisfaz os objectivos pretendidos. Os dispositivos de encaminhamento podem organizar-se para criar uma infraestrutura ad hoc em malha de backbone que pode transportar as mensagens dos utilizadores na área de cobertura através de múltiplos saltos. Além disso, podem também encaminhar pacotes provenientes do centro de comando e controlo e dirigidos a operadores de emergência ou a pessoas e vice-versa. O centro de controlo pode processar os dados para extrair informações para apoiar as decisões durante a emergência. Devido às caraterísticas únicas dos nós UAV descritas acima, por vezes as abordagens de encaminhamento de redes existentes, que foram concebidas para redes ad hoc móveis (MANET), como a BABEL ou a Optimized Link-State Routing (OLSR), não conseguem fornecer comunicações fiáveis. Na próxima secção, apresentaremos mais pormenores sobre o encaminhamento. Todas as redes móveis sem fios são propensas a interrupções de ligação. As redes de UAV não são exceção. O grau de perturbação depende da mobilidade dos UAV, da potência transmitida, das distâncias entre UAV e de ruídos estranhos. Nas aplicações em que os UAV fornecem cobertura de comunicações a uma área, os UAV estão a pairar e, por conseguinte, a probabilidade de perturbações é baixa. Por outro lado, nas aplicações que exigem uma mobilidade rápida dos UAV, a probabilidade de interrupções é maior. Os atrasos na transmissão de dados podem dever-se a uma má qualidade da ligação ou ao facto de um ou mais nós do UAV armazenarem os dados devido à indisponibilidade de um caminho de extremo a extremo.

2.2.2.3. Categorização dos UAV

Também podemos categorizar os UAV com base no seu tipo de missão. O tipo de missão de um UAV determina muitas das suas propriedades principais e podemos generalizar algumas das outras propriedades com base na direção geral utilizada. Na tabela abaixo, podemos ver os três principais tipos de missão dos UAV e algumas das propriedades herdadas de cada um destes tipos.

Property	Internet and Cellular Delivery	Sensing	Attack
General UAV position during mission	Fixed position and slow change	Low to high change, coordinated movement depending on the environment	frequent change of position
Mobility	~0 miles/Hour	<10 miles/Hour	>10 miles/Hour
Type of network supporting the system	Ground based or flying communication infrastructure	Ground based communication infrastructure	Ground based or flying communication infrastructure / infrastructure less system with self sustain communication
General topology used	Star / Mesh	Mesh	Mesh
General type of control system	Centralized	Centralized	Distributed
Other viable applications	Disaster Relief communication, Dynamic urban and suburban service	Reconnaissance, border patrols, track and alert such as wild life tracking and forest fire alert	Other military applications

Tabela 2.1: Categorização de UAV por tipo de missão

2.2.3. Atributos físicos únicos de um UAV

Após a última secção onde falámos sobre os sistemas de UAV como um todo e alguns dos factores mais importantes que definem um sistema de UAV, nesta secção vamos falar sobre o que torna um UAV diferente de outro. Há uma série de factores a considerar quando se pretende descrever um UAV, desde o tamanho e a envergadura da asa até à empresa de fabrico. Não faremos aqui uma categorização por empresas fabricantes, mas nomearemos um UAV de cada classe em cada atributo para mostrar alguns dos UAVs disponíveis no mercado, bem como para dar uma melhor compreensão dessa classe. Outro aspeto a ter em conta é que o objetivo deste trabalho não é fazer um levantamento das caraterísticas das tecnologias atualmente utilizadas nos UAV ou da sua história. Como tal, tentaremos não aprofundar cada atributo. Alguns dos atributos aqui mencionados estão direta ou indiretamente inter-relacionados. Por exemplo, se tivermos um UAV de asa fixa muito grande, este UAV necessitará de uma envergadura maior para descolar e, provavelmente, oferecerá mais carga útil para diferentes fins, pelo que devemos ter em conta que não podemos escolher qualquer um destes atributos sem considerar primeiro os outros. Por exemplo, não podemos ter um UAV com 300 kg de carga útil e uma envergadura de asa de dois metros.

2.2.3.1. Dimensão

Como é evidente, o mais óbvio dos atributos de um UAV é o seu tamanho. Podemos classificar o tamanho de um UAV com base em [10]. Apresentamos esta classificação a seguir. Esta classificação não é científica e não tem uma linha exacta entre os seus membros, no entanto, determinamos um diâmetro máximo para cada um para os colocar em perspetiva.

- UAVs muito pequenos: menos de 50 CM de diâmetro

    - Micro ou Nano UAVs: menos de 10 CM de diâmetro do UAV

Figura 2.4: Micro drone RC, um exemplo de micro UAV [11]

Como exemplo de um micro drone, mostramos o caso do RC Micro Drone da Sharper Image. Este drone com o tamanho de 4,57 CM* 4,57 CM*2,54 CM, peso de 63 gramas, transmissor twin stick de 2,4 GHz e um controlo de rádio de 4,5 canais voa para a frente, para trás, para cima, para baixo, de um lado para o outro e roda. Embora este drone não ofereça qualquer carga útil, é um excelente exemplo de um micro drone.

- Mini UAVs: menos de 50 CM de diâmetro do UAV

Figura 2.5: Parrot swing, um exemplo de mini UAVs [12]

Como exemplo de um mini UAV, mostramos o caso do Parrot swing by parrot. Este drone com o tamanho de 32,5 CM*12,6 CM*12,1 CM, peso de 73 gramas, ligação Bluetooth V4.0 BLE e alcance de até 60M oferece até 8,5 minutos de voo. Este drone oferece uma carga útil limitada para uma câmara pequena, no entanto, devido ao seu peso leve, isso é esperado.

- UAVs pequenos: menos de 2,5 M de diâmetro

Figura 2.6: Typhoon, um exemplo de pequenos UAVs [13]

Como exemplo de um pequeno UAV, mostramos o Typhoon H da Yuneec electric aviation. Este drone com o tamanho de 52CM*45 CM*31 CM, peso de 1695 gramas, estação terrestre ST16 e alcance de mais de 122 M oferece até 25 minutos de voo. Com uma velocidade máxima de 19,4 M/S e uma carga útil de 250 gramas, este UAV pode ser utilizado para muitas utilizações diferentes.

- UAVs médios: menos de 10 M de diâmetro

Figura 2.7: SVU-200, um exemplo de UAV médio [14]

Como exemplo de um UAV médio, mostramos o caso do SVU-200 da Sunward. Este drone com o tamanho de 5,71 M* 4,57 M*1,68 M, peso de 198 KG e alcance de mais de 460 M oferece até 2,6 H de voo. Com uma velocidade máxima de 209 KM/H e uma carga útil de 120 KG, este UAV pode ser utilizado para muitas utilizações diferentes que exijam maior tempo de voo e velocidade ou carga útil. Queremos salientar aqui que, como se pode ver com os UAVs até agora, um tamanho maior pode traduzir-se num maior alcance, velocidade, tempo de voo e carga útil.

- UAVs de grande porte: diâmetro inferior a 25 M

Figura 2.8: Predator XP, um exemplo de UAV de grandes dimensões [15]

Como exemplo de um UAV de grandes dimensões, apresentamos o predator XP da General Atomics. Este drone, com uma dimensão de 17 M* 8 M*, um peso de 1010 KG, banda C para ligação em linha de vista (LOS) e banda Ku para ligação acima do horizonte e uma altitude máxima de 7620 M, permite voar até 35 H. Com uma velocidade máxima de 120 KTAS e uma carga útil de 147 KG, este UAV é um dos melhores da sua classe, com caraterísticas específicas para missões militares.

- UAVs muito grandes: mais de 25 M de diâmetro

Figura 2.9: RQ-4, um exemplo de UAV de grandes dimensões [16]

Como exemplo de um UAV de grandes dimensões, mostramos o caso do RQ-4 Block 30 Global Hawk da Northrop Grumman.

Este drone com o tamanho de 40 M* 14,5 M*4,7 M, peso de 13.268 KG altitude máxima de 18,3 KM e alcance de 22.780 KM oferece até 32 H de voo. Com uma velocidade máxima de 310 KTAS e uma carga útil de 1360 KG, este UAV é um dos maiores e tecnologicamente mais avançados UAVs do mundo.

Como vê, normalmente não categorizamos os UAV por tamanho, mas sim por Peso Bruto Máximo à Descolagem (MGTW), o que é mais científico. No entanto, existe uma relação direta entre o tamanho do UAV e o MGTW e, mesmo quando queremos categorizá-los por tamanho, utilizamos o diâmetro mais longo do UAV.

2.2.3.2. Peso bruto máximo à descolagem (MGTW)

O Departamento de Defesa dos EUA classifica os UAV em cinco categorias com base no seu MGTW [17]. Tomámos a liberdade de tentar emparelhar cada um destes grupos com uma classe de tamanho para facilitar a compreensão. Como pode ver, agrupámos os UAVs muito pequenos e os UAVs pequenos. Também apresentaremos um UAV nomeado pelo DOD como o atual UAS em operação para cada uma destas classes. Esta categorização ajuda-nos a compreender o tamanho dos UAVs, não só pelo diâmetro, mas também pelo peso que podem transportar. No Manual de Conhecimento Aeronáutico da FAA, o peso máximo de descolagem é definido como o "peso máximo permitido para a descolagem". O peso máximo de descolagem é uma limitação colocada na aeronave pelo fabricante da aeronave durante o processo de conceção e ensaio [18]. Como tal, não só esta categorização representa a carga útil de um UAV, mas também devido à correlação entre a carga útil e o próprio peso do UAV, representa uma boa medida para os UAVs.

Category	Size	Maximum Gross Takeoff Weight (MGTW) (lbs)	Normal Operating Altitude (ft)	Airspeed (knots)
Group 1	Small	0-20	<1,200 AGL	<100
Group 2	Medium	21-55	<3,500	<250
Group 3	Large	<1320	<18,000 MSL	<250
Group 4	Larger	>1320	<18,000 MSL	Any airspeed
Group 5	Very Large	>1320	>18,000	Any airspeed

Tabela 2.2: Classificação dos UAVs de acordo com o Departamento de Defesa dos EUA (DoD) (AGL=Above Ground Level, MSL Mean Sea Level)

- O grupo um pode ser representado pelo RQ-11 Raven da Aeroviroment.

Figura 2.10: RQ-11, um exemplo de UAV do grupo um [19]

Este drone de 137 Cm*91 CM com um peso de 1,9 KG e uma velocidade de 30KM/H tem um alcance de 10 KM e uma resistência de até 90 Min. Não entraremos na utilização específica de cada um destes UAVs e do design, no entanto, para mais informações, pode visitar o sítio Web do fabricante.

- O grupo dois não tem qualquer representação na lista DOD. No entanto, podemos considerar o exemplo da classe média da secção anterior como uma representação deste grupo.

- O grupo três pode ser representado pelo RQ-7 Shadow da AAI Co.

Figura 2.11: RQ-7 shadow, um exemplo de grupo de três UAVs [20]

Este drone de 4,3 M*3,4 M*1 M com 84 KG de peso, MGTW de 170 KG e velocidade de 204 KM/H tem um alcance de 109 KM e resistência de até 9 H.

- O grupo quatro pode ser representado pelo MQ-5B Hunter da Northrop Grumman.

Figura 2.12: MQ-5B hunter, um exemplo de grupo de quatro UAVs [21]

Este drone de 10,44 M*7,01 M com MGTW de 884,5 KG e carga útil total de 226,8 KG tem uma velocidade de 120

KTAS e resistência de até 21 H.

- O grupo cinco não tem qualquer representação na lista do DOD, no entanto, podemos considerar o exemplo da classe muito grande da secção anterior como uma representação deste grupo.

2.2.3.3. Alcance/resistência

Outro atributo importante que devemos considerar para os UAV é o seu alcance. O alcance de um UAV é definido como a distância máxima entre o UAV e o seu centro de comando, enquanto podem comunicar sem quaisquer erros. Como é evidente, este atributo está relacionado com o sistema de comunicação do UAV e com o da estação de base. O próprio sistema de comunicação do UAV está relacionado com o tamanho e, por sua vez, com o MGTW. Se o UAV puder ter uma carga útil maior, podemos montar nele um sistema de comunicação mais avançado, mais avançado e geralmente mais pesado, o que resultará num maior alcance. Falaremos em detalhe sobre as estações base nas próximas secções. A resistência é outro fator importante nos UAVs e, tal como o alcance, depende do tamanho do UAV. Com um MGTW maior, podemos ter mais espaço para o combustível ou para a bateria. bateria, pelo que podemos aumentar a resistência dos UAV. Dada uma carga útil específica para os VANT, há sempre um compromisso entre o alcance, a resistência e a carga útil da missão. Este compromisso será explicado em pormenor nas secções seguintes. Vamos agora classificar os UAV com base no seu alcance e resistência. Esta classificação não se baseia em nenhum acordo específico e, como tal, pode ter um significado diferente em diferentes literaturas. Tentámos simplificar uma classificação intuitiva para facilitar a sua utilização neste trabalho, próxima da categorização apresentada em [10].

UAVs de muito curto alcance

Classificamos nesta categoria os UAV que têm um alcance inferior a 10 m e um tempo de autonomia inferior a uma hora. São normalmente utilizados para fins recreativos e não têm qualquer utilização comercial. Um exemplo deste tipo de UAV pode ser o Aero M.

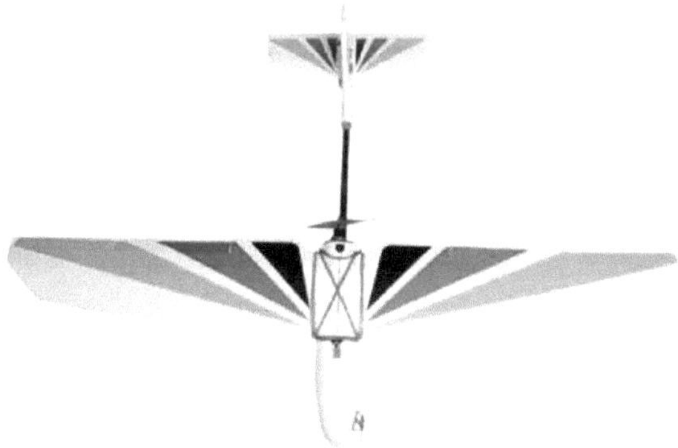

Figura 2.13: Aero M, um exemplo de UAV de muito curto alcance [22]

Este drone leve, de asa fixa, pode voar até 40 minutos com uma velocidade mínima de 9,8 m/s e uma carga útil de 500 gramas. O alcance deste drone é de até 1 km. Deve ter em atenção que a resistência e o alcance de um UAV estão sujeitos às caraterísticas ambientais da missão, como a velocidade do vento, a humidade e muitos outros factores. O que estamos a falar é uma aproximação num ambiente quase perfeito, o que pode não ser o caso em muitas aplicações. O mesmo se aplica a outros UAVs nesta secção.

UAVs de curto alcance

Classificamos nesta categoria os UAV que têm um alcance de 50 m e um tempo de resistência de uma a seis horas. São normalmente utilizados para tarefas de reconhecimento e vigilância no sector militar ou comercial. Um exemplo deste tipo de UAV é o Matrix-I da Turbo Ace.

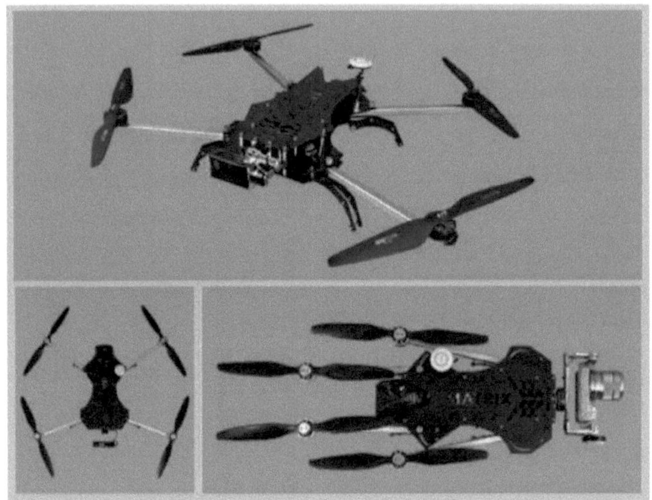

Figura 2.14: Matrix-I, um exemplo de UAV de curto alcance [23]

Este UAV leve oferece até 4 kg de carga útil que pode ser utilizada para aumentar o tamanho da bateria ou montar dispositivos de comunicação. Este UAV suporta 1,3 kg de carga útil mais a bateria adicionada para voar durante uma hora numa distância de 37 KM.

UAVs de curto alcance

Classificamos nesta classe os UAV que têm um alcance de 150 m ou mais e tempos de resistência de 8 a 12 horas. Tal como os UAV de curto alcance, são utilizados principalmente para fins de reconhecimento e vigilância no sector militar ou para utilização comercial de alto nível. Um exemplo deste tipo de UAV pode ser o H2 da EnergyOr.

Figura 2.15: H2, um exemplo de UAV de curto alcance [24]

Este UAV de 3,3 M*1,2M oferece até 10 horas de voo. Com um MTOW de 10 kg, uma carga útil até 1 kg e uma velocidade de 60-100 km/h, este UAV é um excelente exemplo desta categoria.

UAVs de gama média

A classe média inclui UAVs que têm uma velocidade super elevada e um raio de trabalho de 650 m. São também utilizados para fins de reconhecimento e vigilância, para além de recolherem dados meteorológicos. Um exemplo deste tipo de UAV pode ser o EADS 3 Sigma, do grego 3 sigma.

Figura 2.16: EADS 3 sigma, um exemplo de UAV de médio alcance [25]

Este UAV de 5,1 M*3,95 M*1,15 M oferece até 18 Kg de carga útil com um MGTW de 110 Kg e um peso vazio de 60 Kg. A velocidade deste UAV pode atingir 220 Km/h e a sua resistência é de até 12 horas. Trata-se de um excelente exemplo desta classe.

UAVs de resistência

A classe de resistência inclui UAVs que têm uma resistência de 36 horas e um raio de ação de 300 km. Esta classe de UAVs pode operar a altitudes de 30.000 pés. São também utilizados para fins de reconhecimento e vigilância. Um exemplo deste tipo de UAV pode ser o UAV United 40 da ADCOM Systems.

Figura 2.17: United 40 UAV, um exemplo de UAV de resistência [26]

Este UAV de 521 Kg com MGTW de 1496 Kg oferece até 120 horas de voo e uma velocidade de até 200 Km/h.

O alcance deste UAV varia consoante a estação de base utilizada. Este é um exemplo militar de UAV de classe de resistência.

2.2.3.4. UAV de asa rotativa e fixa

Por último, mas não menos importante, precisamos de falar sobre o atributo de asa rotativa ou fixa do UAV. Com base em [27], vamos começar por fazer uma breve descrição dos dois:

Aeronaves de asa fixa: As aeronaves de asa fixa utilizam um conjunto de asas fixas para gerar sustentação e conseguir voar. Estas asas são fabricadas com a forma de um aerofólio, que fornece a sustentação necessária quando a aeronave atinge uma determinada velocidade. Uma aeronave de asa fixa pode planar no ar em movimento (como um papagaio ou um planador) ou ganhar impulso através de uma hélice ou de um motor (como um jato). O termo "asa fixa" é ligeiramente enganador - as aeronaves de asa variável e as que utilizam a deformação das asas também são consideradas aeronaves de asa fixa.

Aeronaves de asa rotativa: As aeronaves de asa rotativa utilizam um método diferente para alcançar o voo. O tipo mais conhecido de aeronave de asa rotativa é o helicóptero. Outras aeronaves de asa rotativa incluem ciclocópteros, autogiros e girodinos. Estas aeronaves obtêm a sustentação através de um conjunto de asas geradas por um motor, denominadas pás do rotor. As pás do rotor estão ligadas a um mastro central que gira muitas vezes por minuto; à medida que as pás giram, criam uma elevação que permite à aeronave voar. As pás do rotor podem ter a forma de um aerofólio ou podem ter uma inclinação mais plana. O conjunto completo das pás do rotor e do mastro é designado por rotor e o número de pás do rotor e de rotores numa determinada aeronave pode variar. Nalguns casos, é utilizado um motor adicional para a elevação ou para o impulso para a frente, a fim de atingir maiores alturas e velocidades. Já vimos exemplos destes dois tipos neste capítulo.

2.2.4. Carga útil

Como já foi referido, a carga útil é uma parte importante de qualquer sistema. No caso de um sistema que fornece funções de comunicação e de sondagem com UAV, a carga útil de um UAV divide-se em dois sistemas distintos. O primeiro sistema seria o sistema de comunicação entre os próprios UAV e a estação de base. O segundo sistema seria o sistema que fornece comunicação aos telemóveis que solicitam o serviço. Ambos os sistemas estão a competir pela carga útil e, como tal, há uma troca entre eles. Podemos ter um sistema com comunicação de longo alcance entre UAVs que fornecerá menos canais por UAV do que outro sistema que tenha menor alcance para comunicação entre UAVs e maior capacidade de canal para cada UAV.

2.2.5. UAV hipotético

Com base em todos os UAVs que vimos na secção anterior e nos seus atributos, nesta secção vamos falar sobre o UAV que será mais adequado para o nosso objetivo. Como vimos nas secções anteriores, existe um fosso entre os UAV de gama baixa e os UAV de gama alta normalmente utilizados pelos militares. Devido a esta diferença, não foi possível encontrar o UAV comercialmente disponível perfeito para os objectivos deste trabalho. No entanto, como a tecnologia é desenvolvida e apresentada em UAVs de nível militar, tentamos reduzir proporcionalmente o seu sistema para obter um UAV de baixo custo viável que possa ser utilizado para este trabalho. O UAV que estamos a considerar neste trabalho é um UAV rotativo que pode suportar os dispositivos de comunicação básicos para fornecer cobertura. Para o efeito, e devido ao compromisso de que falámos entre resistência, alcance e cobertura, partimos do princípio de que o UAV está igualmente limitado em termos de capacidade de canal e alcance, mas menos limitado em termos de resistência. Uma vez que o preço do UAV é um fator importante para a obtenção de uma frota deste tipo, decidimos escolher UAVs de classe média que possam voar a uma altitude média e que tenham uma longa duração (dentro da janela de implantação não necessitam de reabastecimento). A altura de voo e a qualidade das ligações são um fator que influencia o preço dos UAV, pelo que podemos assumir que os UAV voam a baixa ou média altitude. Podemos então assumir que dois UAVs podem ter 600 ligações entre si se a distância entre os dois UAVs for inferior a 1Km, e depois disso a taxa de erro é inaceitável, pelo que não haverá qualquer ligação. Além disso, os UAV que estamos a considerar são UAV de pequena e média dimensão devido à vantagem do preço, à facilidade de implantação e ao acesso em cenários de catástrofe, pelo que partiremos do princípio de que, com base na dimensão média da carga útil dos UAV, cada UAV pode servir 200 ligações de dispositivos móveis dentro da sua área de cobertura de 400 m. Este pressuposto baseia-se no facto de que a classe de UAVs que estamos a considerar não pode voar muito alto e há alturas de voo seguras mais baixas em muitas áreas. Estes dois limites estão normalmente tão próximos que podemos assumir que a altura de voo é constante. Mesmo que não seja este o caso, quanto mais perto os UAVs estiverem do solo, mais área de cobertura teremos, pelo que podemos assumir com segurança que queremos que todos os UAVs voem à menor altura segura possível. Vamos encarregar-nos de fazer a varredura da área com o mesmo tipo de UAVs explicado acima. Embora fosse melhor ter um tipo diferente de UAV, como alguns dos UAV de asa fixa mencionados acima, para fazer o mapeamento, não queremos colocar isso como parte da nossa antecipação neste trabalho.

2.3. Estação de base

Existem muitas possibilidades quanto à forma de ligar os UAVs à espinha dorsal de comunicação. A decisão mais importante que precisamos de tomar na estação de base é decidir como queremos fornecer canais à estação de base. Escolher uma estação de base terrestre com capacidade de satélite, instalar fibra ótica e iniciar um sistema baseado em torres de telemóveis ou uma estação de base de UAV topo de gama são algumas das nossas opções.

2.3.1. Estação de voo

As estações voadoras oferecem uma estação de base mais dinâmica e esta caraterística traz muitos benefícios. Um exemplo simples pode ser adicionar mais estações terrestres conforme necessário com especificações diferentes e ter uma solução mais orientada para o ambiente. No entanto, esta opção, no seu conjunto, aumentará significativamente o custo do sistema. Aqui vamos ver dois exemplos de estações de base deste tipo. Como verá nos exemplos, estes tipos de UAVs são mais do que adequados para fornecer serviço celular. Vamos mostrar o primeiro exemplo.

Figura 2.18: Observador global, um exemplo de estação voadora [28]

Este drone é fabricado pela força aérea dos EUA e voa a 19.812 m de altitude. Com uma grande carga útil e uma nova tecnologia de fornecimento de energia, este drone é ideal tanto para a infraestrutura de comunicação como para o mapeamento da localização geográfica da área. Devido à enorme capacidade de carga útil do drone, podemos supor que este drone é capaz de realizar todas as tarefas acima mencionadas, para além de poder realizar imagens térmicas e de infravermelhos da área, sobre as quais falaremos mais adiante. Isto dará aos socorristas uma ideia exacta da situação, das pessoas que podem precisar de ajuda e de outras informações importantes, como o terreno da zona. O segundo exemplo pode ser o UAV abaixo.

Figura 2.19: Olho fantasma, outro exemplo de estação voadora [29]

Este UAV gigante pode voar durante quatro dias a 19.800 m. Este UAV pode realizar todas as tarefas explicadas acima com facilidade e pode montar uma antena gigante para alcançar facilmente uma área específica. Embora o alcance da antena do dependa de muitos factores, como o tamanho da antena e até mesmo o clima, podemos facilmente assumir que, para muitas situações, a utilização deste UAV seria mais do que adequada.

2.3.2. Estação terrestre

Outra ideia é instalar uma rede de fibra ótica a partir do portão de backbone mais próximo, o que é dispendioso, demorado e não proporciona grandes ligações de comunicação. A resposta industrial habitual a este problema é uma estação terrestre móvel com capacidade de comunicação por satélite. Há muitas empresas que oferecem tais dispositivos a preços aceitáveis e com grande mobilidade. Quer seja montada num camião ou movida por um helicóptero, a base do serviço que prestam é a mesma. A diferença reside geralmente na capacidade de serviço e na mobilidade do dispositivo. Iremos analisar alguns exemplos de estações de base terrestres e, em seguida, colocar a hipótese da nossa estação terrestre com base nestes dispositivos. Comecemos por mostrar o primeiro exemplo.

Figura 2.20: Zona de mobilidade remota da AT&T, um exemplo de estação terrestre [30]

Este dispositivo oferece cobertura de telemóvel no espetro de 1900MHZ, pode suportar até 100 chamadas em simultâneo e até 2,2 MBPS de dados. É claro que um dispositivo deste tipo não será adequado para uma área de catástrofe devido ao pequeno número de chamadas simultâneas, mas dentro da mesma categoria de dispositivos temos modelos muito mais fortes que podem ser implantados com os mesmos princípios e restrições, mas com mais capacidade. Este modelo é adequado quando queremos implantar muitas estações de base pequenas em toda a área de desastre. O próximo exemplo é o P Com ® XL.

Figura 2.21: P Com ® XL, outro exemplo de estação terrestre [31]

Este dispositivo foi construído para ser capaz de se ligar à infraestrutura de satélite por si só, sem qualquer ajuda. Trata-se de uma das soluções de estação terrestre mais baratas e fiáveis disponíveis no mercado. Mais serviço celular e gestão de energia são os dois principais benefícios deste produto. Agora que mostrámos exemplos de estações de base, devido ao preço, à facilidade de acesso e à variedade de modelos, decidimos basear a conceção em estações de base terrestres. Na próxima secção, falaremos mais detalhadamente sobre as especificações da estação de base.

2.3.3. Estação terrestre hipotética

Os dispositivos acima mencionados têm os seus próprios pontos fortes e fracos. A maioria das estações terrestres disponíveis destina-se a funcionar em simultâneo com a infraestrutura de comunicação para prestar um melhor serviço, mas não como único meio de comunicação. No entanto, com base nas mesmas tecnologias, podemos assumir que seria viável construir uma estação de base de comunicações com os elementos necessários. Embora fosse mais fácil utilizar um UAV como estação de base devido à sua mobilidade, mas devido aos problemas de preço, abastecimento de combustível e configuração, basearemos este trabalho numa estação de base terrestre. Dependendo do tipo de zona de catástrofe de que estamos a falar, a mobilidade destes dispositivos pode ser mínima. Por exemplo, numa cidade inundada, os locais a que podemos aceder e instalar as estações terrestres são limitados. Nestas situações, pode não haver certezas quanto ao local onde a estação terrestre pode residir. A melhor forma de atuação baseia-se no julgamento dos operadores. Como nos três primeiros capítulos deste trabalho estamos a conceber o sistema para fornecer cobertura a uma pequena área, assumimos que existe apenas uma estação terrestre e que esta não será deslocada após a implantação. Há muitos locais onde a estação terrestre pode ser instalada, como as extremidades da área ou o centro da área. Falaremos sobre a melhor localização da estação de base no capítulo quatro. No que respeita à parte técnica das estações de base, como explicaremos mais tarde, devido ao pequeno número de pessoas que pretendemos abranger até ao capítulo 4, assumimos que não existem limitações ao número de ligações que pode suportar nos primeiros três capítulos. É óbvio que, se o estrangulamento for o nó de comunicação, é necessário atualizar fisicamente a estação de base, e a conceção de tais actualizações ultrapassa os objectivos do presente documento. Existem muitos factores concorrentes numa estação de base, pelo que assumimos que a estação de base não será capaz de fornecer cobertura por si só.

2.4. Área de cobertura

O cenário que estamos a desenvolver é um cenário de catástrofe em que a infraestrutura de comunicação é danificada e a ligação se perde ou uma zona suburbana que necessita de mais infra-estruturas de comunicação. Esta zona pode ter diferentes disposições e dimensões. Muitos dos factores relativos à implantação dependem destas propriedades da área que queremos cobrir. As áreas afectadas por catástrofes são normalmente muito grandes, pelo que pode ser difícil construir de uma só vez o melhor plano de cobertura para toda a área. O mesmo se pode dizer de muitos outros sistemas. Como resultado, começamos este livro estabelecendo a cobertura numa pequena área. Mais tarde, usaremos isso como um bloco de construção para cobrir áreas maiores. Começamos com uma área pequena porque nos dará a oportunidade de configurar a abordagem sem nos preocuparmos com o número de UAVs retransmissores. No quarto capítulo, alargaremos a ideia de tais cenários e introduziremos uma configuração de rede para cobrir áreas maiores. Para efeitos dos três primeiros capítulos, partiremos do princípio de que temos de cobrir uma área de três quilómetros por três quilómetros. Independentemente da área e do sistema em si, precisamos de ter pelo menos uma ligação de comunicação à espinha dorsal de comunicação. Por exemplo, um nó de ligação por satélite que actua como ponto de contacto (ponto de entrega) para todas as ligações. Para efeitos desta secção, podemos assumir que a estação de base é a nossa ligação de comunicação e que haverá apenas uma estação de base (devido à dimensão da área, é improvável que precisemos ou possamos pagar mais do que uma estação de base), conforme explicado. Mais tarde, desenvolveremos este conceito e aprofundaremos a abordagem de modo a que funcione com mais do que uma estação de base em áreas maiores ou com estações de base que não forneçam ligação à espinha dorsal.

2.4.1. Pedido de chamadas, chamadas interrompidas e a nossa principal restrição

Precisamos de falar sobre o teorema de Erlang para especificar melhor o problema. Para facilitar os cálculos, partiremos do princípio de que todos os telemóveis dentro do raio de ação estão a tentar fazer uma chamada a todo o momento e a qualquer momento. É claro que, para a realização deste sistema, precisamos de realizar mais investigação sobre a probabilidade de chamadas em zonas sinistradas. Depois, podemos discutir a taxa de queda aceitável em tais situações e substituir esses números nas abordagens propostas. Devido à falta de informação relativamente a estas duas áreas, decidimos retirar estes parâmetros da equação, assumindo um como probabilidade de chamada, para nos podermos concentrar no objetivo deste livro. Como discutimos anteriormente, o tamanho assumido do UAV não será capaz de suportar uma grande carga útil de hardware, o que significa menor poder de processamento em cada unidade e como um todo no sistema após a implantação. Assim, é seguro assumir que a restrição mais difícil que iremos enfrentar é a capacidade de processamento, que tentaremos considerar ao longo deste livro.

2.5. Mapa da população

A melhor forma de calcularmos a posição dos UAV é com base em informações exactas sobre o mapa da população. O mapa da população é o mapa da área e a localização de todos os dispositivos que pedem serviço. De facto, no próximo capítulo, falaremos sobre como adquirir o mapa da população, a precisão do mapa da população e como o mapa da população muda com o tempo devido à natureza dinâmica do ambiente. A importância do mapa da população advém da probabilidade estatística das posições dos pedidos de serviço e da forma como se comportam com o tempo. Se não tivermos esse mapa (o que é muito provável) e não passarmos por um processo de obtenção de um, todas as decisões que tomaremos não terão qualquer precisão estatística. Simplificando, se não soubermos a geo-localização dos telemóveis para os quais estamos a tentar prestar serviço e não tivermos qualquer conhecimento prévio da área, como a localização das zonas residenciais, a probabilidade de um telemóvel estar em qualquer ponto da área é uniformemente distribuída pela área. Como a direção dos movimentos das pessoas é normalmente aleatória em tais situações e a disposição da área pode ter mudado devido a uma série de causas diferentes, não podemos dar prioridade a qualquer localização em relação a qualquer outra, exceto as posições de que temos visão direta (os círculos de 200 m de diâmetro que são a área de cobertura dos UAV). O resto da área tem sempre a mesma probabilidade de conter o resto dos utilizadores, o que significa que a probabilidade de um pedido de serviço é uniformemente distribuída pela área. Isto resultará numa ambiguidade indesejável no processo de tomada de decisão e nunca poderemos decidir se a situação atual é boa ou se podemos melhorá-la. Por outro lado, o efeito positivo de ter um mapa populacional é que podemos assumir (porque a velocidade de mudança no mapa é geralmente muito menor do que a velocidade dos UAVs) que o mapa é estático dentro do período de tempo em que o estamos a construir. O mapa da população não será normalmente uma apresentação real da área num determinado momento, mas uma combinação de instâncias do mapa da população em pequenas áreas agrupadas. No entanto, devido à velocidade lenta dos peões que constituem os pedidos de serviço em tais cenários, podemos concluir que o mapa da população real está próximo do mapa da população que temos (com algum erro). Podemos utilizar métodos mais fiáveis e precisos para prever a localização de cada pessoa, tendo em conta a velocidade média de um ser humano e o ponto de partida, se soubermos onde se encontram todos os telemóveis, num determinado momento. Além disso, com ferramentas adicionais, podemos detetar a direção do movimento, que não consideramos neste livro, mas que nos pode dar ainda mais precisão na previsão do mapa da população. Além disso, estas ferramentas serão úteis para desenvolver um método de previsão da posição que será executado em simultâneo com esta abordagem. Para garantir a consistência do serviço e avançar para o cenário ideal, temos de avançar sempre para uma melhor taxa de cobertura ou, pelo menos, manter a mesma taxa de cobertura. Isto será quase impossível sem uma diretriz para as nossas abordagens. A incerteza absoluta sem um ponto de base fará com que qualquer abordagem não seja consistente na convergência para uma melhor cobertura na maioria dos cenários, razão pela qual falaremos de abordagens que podemos utilizar para obter o mapa da população e iniciar a nossa cobertura ao mesmo tempo no próximo capítulo.

Para desenvolver ainda mais estas abordagens, no capítulo quatro, discutiremos o mapeamento de drones e uma frota de drones, mas, como nem sempre é viável ter um grupo tão avançado de UAVs, não basearemos este livro neste pressuposto. Em vez disso, discutiremos formas de construirmos nós próprios este mapa como parte do desenvolvimento. Agora que falámos sobre os pressupostos que guiarão este livro , vamos discutir a direção do projeto. Há duas direcções que podemos tomar em relação ao projeto. Em primeiro lugar, podemos assumir que o número de pedidos de serviço é inferior ao número de serviços que os UAVs podem fornecer; a outra direção é assumir que não temos UAVs suficientes para servir todos os utilizadores e que os UAVs são o recurso escasso no problema. Uma vez que é mais importante discutir esta última hipótese e porque é muito fácil aplicar as conclusões desta última hipótese à primeira, adoptaremos a última via neste livro. Para tornar o problema mais quantificado, assumiremos que o número de telemóveis necessários é, pelo menos, igual ao número de serviços que podemos fornecer. Não faremos quaisquer suposições sobre a distribuição dos telemóveis, no entanto, porque depende da área que estamos a tentar servir, por muito benéfico que seja, especialmente devido às nossas restrições de processamento, preferimos ter uma solução mais global.

Capítulo 3

3. Abordagens de implantação de UAV para cobertura máxima

3.1. Introdução

Neste capítulo, concentramo-nos em resolver o problema da implantação numa área pequena. A frota de UAV é composta por 10 aeronaves para cobrir uma área de três quilómetros por três quilómetros, com limitações de UAV e de estação de base, tal como referido no capítulo anterior. Assumimos um total de dois mil pedidos de serviço na área a ser coberta. Além disso, assumimos que a estação de base se encontra no centro da área alvo. A implantação consiste em três fases: aquisição do mapa da população inicial, implantação inicial e reconfiguração. Neste capítulo, falaremos sobre as duas primeiras partes.

a) Aquisição do mapa da população inicial:

Nesta fase, a frota de UAV irá varrer a área devido à necessidade de obter o mapa inicial da população. Nesta secção, explicamos três abordagens diferentes e a sua adequação a diferentes cenários.

b) Implantação inicial:

Nesta fase, começamos por digitalizar o mapa e falar sobre a importância da resolução do mapa digitalizado. De seguida, introduzimos e calculamos a posição inicial de cada UAV, utilizando diferentes abordagens com base no mapa da população. De seguida, analisamos as vantagens e desvantagens de cada uma destas abordagens e comparamos o resultado de cada uma delas em diferentes cenários.

c) Conclusão:

Nesta secção, falaremos dos resultados das diferentes abordagens, das razões pelas quais se comportam desta forma e, mais tarde, falaremos da abordagem mais adequada para diferentes tipos de problemas.

Nas secções seguintes, descrevemos em pormenor cada uma das fases acima mencionadas e fornecemos simulações de cenários de exemplo para cada fase, a fim de facilitar a compreensão. Discutiremos o que acontece se os parâmetros do problema mudarem dentro da respectiva secção. No final do capítulo, falaremos mais sobre os parâmetros e a forma como afectam o desempenho de qualquer UAS.

3.2. Cartografia da zona

O pressuposto de que conhecemos a disposição do mapa da população antes de começar é, por vezes, um pressuposto irrealista. Isto depende de se ter acesso a drones de reconhecimento de alta velocidade, tal como foi demonstrado no capítulo anterior, o que pode não ser sempre o caso. Especialmente em zonas de catástrofe, como referido em [32], o mapeamento é fundamental para orientar os evacuados para um local seguro e ajudar as equipas de intervenção na tomada de decisões. No entanto, durante as catástrofes, não se pode confiar nos serviços de cartografia baseados na nuvem, porque as infra-estruturas de rede podem ter sido danificadas. Como acontece na maioria das vezes, quando ocorre uma catástrofe, podemos assumir que não conhecemos quaisquer estatísticas sobre a distribuição das pessoas na zona. Nestes casos, as nossas opções são limitadas. Vamos agora falar sobre três soluções para obter o mapa da população como parte da implementação com o uso de UAVs que hipotetizámos para a prestação de serviços. Nesta secção, assumimos que cada UAV tem uma memória capaz de registar a localização de cada pedido de serviço com uma taxa de erro aceitável. Também explicamos como podemos usar o beaconing dos telemóveis em nosso benefício para encontrar a localização de cada telemóvel sem usar triangulação e capacidades de rastreio de sinal nos UAVs. Cada uma destas abordagens pode ser mais adequada para cenários específicos, sobre os quais também falaremos.

3.2.1. Mapeamento circular

Se tivermos uma área de três quilómetros por três quilómetros e a estação terrestre estiver localizada no centro, podemos ter uma linha de 8 quilómetros, colocando os UAVs ao lado uns dos outros, todos numa linha. A visão dos UAVs é um círculo com 400 m de raio (pegada), pelo que podemos colocá-los um ao lado do outro com 800 m de distância e ter todos os pontos da linha ao alcance de um drone. O primeiro drone pode estar a 400 m da estação terrestre, na horizontal. Num quadrado de três quilómetros por três quilómetros, a distância máxima de um ponto ao centro é de 2,1213 km, pelo que uma linha de oito quilómetros em movimento circular à volta da estação terrestre é mais do que suficiente para analisar a área. O último drone tem de estar no máximo a 2,1213 km da estação de base para podermos detetar toda a área. Podemos conseguir isto utilizando apenas quatro UAVs em linha, como explicado anteriormente. O último drone em movimento circular percorrerá a circunferência de um círculo com um raio de dois quilómetros, ou seja, 12,56 km. Assumindo que a velocidade do drone é de 20m/s, serão necessários 10:28 minutos para que a varredura seja concluída, durante os quais, em qualquer ponto, ainda estamos a servir uma parte da área e os restantes 6 UAVs, além dos que usamos para a varredura, podem ser usados para fornecer serviços a locais pré-determinados. Esta tática é mais adequada para situações em que queremos servir uma parte do mapa especificamente e obter o mapa da população ao mesmo tempo. Mais tarde, isto dará ao sistema a vantagem de não só continuar a servir as partes do mapa que predeterminámos, mas também de posicionar os UAVs de forma a oferecer uma melhor taxa de cobertura a todos os outros. Para tal, não estamos a utilizar o scanner mais curto, mas sim um scanner que suporta até 600 ligações durante o scanner e os restantes UAVs podem prestar serviço em áreas específicas, o que fará com que todos tenham a possibilidade de estabelecer, pelo menos, uma ligação curta.

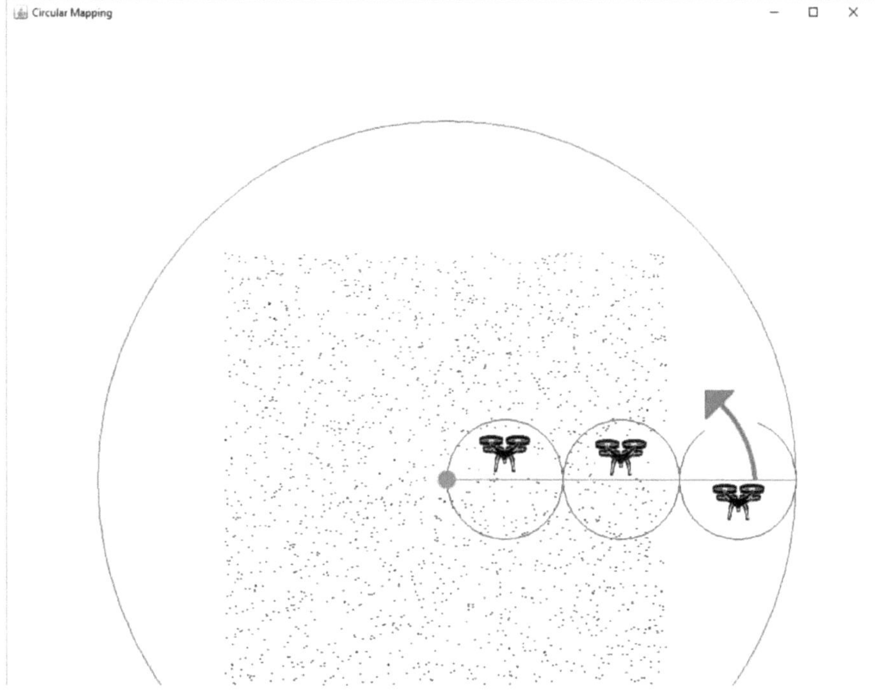

Figura 3.1: Mapeamento circular para uma área de 3 por 3 km utilizando 3 UAVs com 400 m de pegada

Esta opção é viável, quando podemos ter um tempo de resposta de melhor cobertura mais lento enquanto queremos serviço em alguns locais prioritários com a adição de todos para obter um serviço inicial para que possam contactar os seus entes queridos. 10:28 minutos é um tempo aceitável para cenários em que o perigo já não é iminente e a vantagem desta abordagem é que, imediatamente após a fase inicial, os UAVs podem formar o melhor plano de cobertura, iniciando um serviço bastante preciso, enquanto durante a fase de varrimento fornecemos serviço na localização prioritária e todos os outros recebem um serviço inicial. Por outro lado, dada a dinamicidade do mapa resultante do movimento das pessoas, para além do atraso médio entre o scanning e o serviço ser de 5,14 minutos mais o tempo de implementação, a taxa de erro do mapa da população, com base no qual estamos a iniciar a nossa cobertura, é mais elevada do que as outras opções. Se assumirmos que o mapeamento e a implantação demoram 15 minutos no total, que a velocidade média de um ser humano é de três m/s (o que é uma suposição generosa) e que a direção é aleatória, o número de pessoas que ainda se encontram na área assumida é uma função probabilística que não é ideal em tais cenários. Outro aspeto positivo desta abordagem é a sua tolerância a falhas do UAV durante o rastreio. Basta adicionar outro UAV a partir dos UAVs em serviço e preencher o espaço do UAV que falhou, para podermos terminar a fase de exploração sem perda de informação. Em caso de falha de mais do que um UAV e se não pudermos poupar mais do que um UAV do grupo de UAVs prestadores de serviços, podemos ainda assim recolher informações até ao limite do nosso alcance com os UAVs restantes numa única iteração e, para as áreas restantes, podemos querer implantar outro UAV para fazer o scan enquanto espalhamos os outros para formar o sistema de cobertura parcialmente exato. Esta abordagem depende de quanto da população está em falta no mapa parcial da população e de quão bom é o desempenho do sistema revisto com a informação disponível. Em alguns casos, as equipas de socorristas valorizam mais os dados sobre a localização dos telemóveis do que a cobertura real. Isto baseia-se no facto de a probabilidade de um ser humano estar junto a um telemóvel ser muito elevada. Localizando todos os telemóveis de uma área, podemos verificar o estado de bem-estar dessa pessoa e utilizar melhor os esforços de busca e salvamento. Nestes casos, esta não é a melhor abordagem a utilizar, devido ao longo tempo de rastreio.

3.2.2. Mapeamento de caixas

Outra forma é fazer o varrimento da área, tendo menos em conta a necessidade de ter uma ligação e algum serviço, enquanto se faz o varrimento e concentrando-nos mais no tempo de varrimento. Fazemos simplesmente uma linha de 3,2 km utilizando quatro UAVs de costas um para o outro, cada um com 800 m de distância do anterior. Temos 10 UAVs, pelo que podemos ter duas destas linhas, uma linha em cada um dos dois lados opostos da área que se deslocam em direção ao centro. Os dois UAVs restantes podem partir do meio dos outros lados da área e deslocar-se também em direção ao centro. Mostramos este movimento na figura 3.2. Os UAVs no meio viajam 1,5 km, o que, com uma velocidade de 20 m/s, lhes levará 1:15 minutos. Cada uma das linhas percorrerá metade da área menos as partes que os UAVs do meio irão cobrir. Percorrerão 1,1 km, o que lhes levará apenas 55 segundos. Como se pode ver, podemos iniciar uma projeção parcial aos 55 segundos e, ao fim de 1:15 minutos, podemos iniciar uma projeção completa com toda a informação de um mapa populacional completo. Esta abordagem tem a vantagem de, após cerca de dois minutos, que é o tempo de leitura mais o tempo de deslocação para determinados locais, se obter uma cobertura quase exacta. Tal como a opção anterior, continuará a convergir para uma melhor cobertura à medida que o mapa se altera, mas como a diferença de tempo entre o scanning e a formação do sistema não é tão grande, a precisão do mapa no momento da implantação será superior à da abordagem anterior. A desvantagem deste método é que, durante o período de varrimento, o serviço é efectuado num curto espaço de tempo até à formação do sistema. Só haverá serviço quando os UAV estiverem nas proximidades da estação terrestre. Isto acontece durante a maior parte do tempo de varrimento devido à dimensão da área que estamos a cobrir, mas se a área que estamos a varrer for maior, isto tornar-se-á um problema. A vantagem desta tática de varrimento, para além do tempo de varrimento, é que a falha de até quatro UAVs pode ser facilmente tolerada. Se o UAV que falhou for um dos UAVs do meio, podemos manter as linhas até à linha do meio da área. Se o UAV que falhou for de uma das linhas, podemos mover o UAV do meio para a posição final do UAV que falhou e fazê-lo inverter o caminho do UAV que falhou. O UAV pode então juntar-se aos UAVs no centro e, entretanto, teremos um mapa parcial.

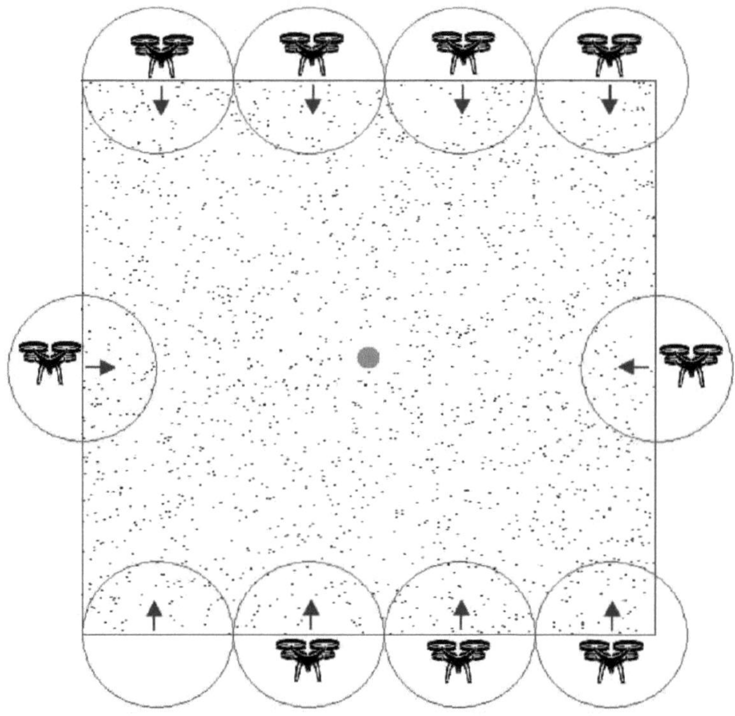

Figura 3.2: Mapeamento de caixa para uma área de 3 por 3 Km utilizando 10 UAVs com 400 m de pegada

3.2.3. Mapeamento de prioridades

Há uma terceira opção que podemos considerar, que surge quando há prioridade de serviço. Suponhamos que existe uma equipa de bombeiros na zona que queremos cobrir a todo o momento e que o serviço a esses bombeiros tem prioridade sobre o serviço a qualquer outra pessoa. Neste cenário, a abordagem deve ser diferente da de servir qualquer pessoa com a mesma prioridade. Nestes casos, o conhecimento do mapa da população perde, em certa medida, o seu valor. Em vez disso, o que temos são telemóveis que temos de cobrir. Esta limitação dos sistemas seria então uma limitação física dos UAV. Podemos assumir que conhecemos a posição da equipa e que temos o identificador único (UID) de todos os dispositivos de comunicação que vão utilizar. Com este pressuposto, podemos executar a abordagem para o desenvolvimento do sistema, apenas com base nestes utilizadores. Se a limitação da ligação o permitir, podemos servir outros utilizadores, mas a prioridade seria estes UID. Nestes cenários, podemos ter uma linha direta para os bombeiros, mas também podemos utilizar os restantes UAV (se existirem) para cobrir também os utilizadores de baixa prioridade. Podemos dividir os nossos UAVs, com alguns a tratarem dos serviços prioritários e os restantes a varrerem o mapa da forma mais adequada. Neste cenário, a dinâmica do mapa perde valor porque apenas o movimento dos utilizadores prioritários é importante. Podemos então, em qualquer momento, com base na velocidade e nas direcções gerais dos membros da equipa, ajustar a localização dos UAVs. Se tivermos UAVs restantes, podemos usar uma das abordagens de mapeamento acima para obter um mapa da população e uma das abordagens de implantação para adicionar cobertura a pedidos de baixa prioridade.

3.2.4. Scanner de asa fixa

A forma mais simples de fazer o scanning de uma área é utilizar um UAV com um objetivo específico. Estes UAVs, tal como referimos no capítulo anterior, são normalmente rápidos, de asas fixas, de grande altitude e de resistência média, concebidos especificamente para fins de varrimento. Podem analisar a área que estamos a tentar cobrir em segundos, devido à pequena dimensão da área, e continuam a ser viáveis para áreas maiores. Não queríamos assumir que possuímos tais UAVs no UAS, no entanto, estes UAVs são a solução mais adequada para os problemas de varrimento. Podem até ser utilizados para atualizar o mapa, de modo a que possamos ter um mapa exato a cada minuto, o que aniquilará a necessidade de reconfiguração dos UAV, que podem simplesmente continuar a reposicionar-se com base no novo mapa. Um exemplo destes UAVs é mostrado abaixo. Estes UAV podem ser instalados muito rapidamente e no solo. Normalmente, podem ter um tempo de voo de algumas horas e, uma vez que não são UAVs que prestam serviços no nosso sistema, podemos reabastecê-los sempre que necessário.

Figura 3.3: Exemplo de UAV de reconhecimento de asa fixa e alta velocidade

3.3. Cálculo inicial

Para a fase de implantação, partimos do princípio, com base nos métodos mencionados na secção anterior, de que dispomos do mapa da população. Nesta fase, a implantação atempada é importante para nós. Neste capítulo, vamos propor algumas soluções para o problema da cobertura. Dependendo do tipo de mapa da população, pode ser necessário modificar estas abordagens ou escolher uma em detrimento da outra. Vamos explicar com dois exemplos extremos. Suponhamos que a área que estamos a tentar cobrir é uma área suburbana com uma população uniformemente distribuída pela área. Neste cenário, podemos usar uma abordagem gulosa para escolher a melhor opção em cada passo dentro da vizinhança dos nós que escolhemos até agora e o desempenho não cairá drasticamente devido ao tipo de mapa. Esta abordagem pode fazer com que os UAV nunca atinjam os limites da área, o que não será um problema devido ao tipo de mapa; no entanto, esta abordagem poupa-nos muitos cálculos e, por sua vez, permite uma implementação mais rápida. Por outro lado, suponhamos que existe uma pequena área na extremidade do mapa que estamos a tentar cobrir e que tem a maioria dos pedidos de serviço. Nesse caso, se não analisarmos minuciosamente todas as soluções possíveis ou, pelo menos, não olharmos para todo o mapa da população ao escolher as localizações, podemos nunca chegar a essa parte de elevada procura. Como se pode ver, o tipo de mapa é importante para o nosso objetivo de dar a maior cobertura possível. Começamos esta discussão falando da digitalização do mapa e de como podemos transformar um mapa contínuo num mapa discreto para efetuar cálculos com base nele. Por fim, começaremos a analisar algumas abordagens de implantação, explicando as situações em que estas abordagens são viáveis e comparando os resultados de cada uma em diferentes cenários.

3.3.1. Digitalização

A área que estamos a tentar servir é uma área contínua e, como tal, não conseguiremos processá-la e determinar a localização dos UAV de forma discreta. Para resolver este problema, vamos falar sobre como digitalizar o mapa de acordo com as nossas necessidades e em diferentes resoluções. Começaremos por escolher uma área circular à volta da estação de base com um quilómetro de diâmetro. Qualquer UAV estacionado dentro desta área pode ligar-se à própria estação de base sem qualquer UAV intermediário, o que dará a esta área prioridade sobre qualquer outra área. Isto significa que, se houver uma posição a um quilómetro de distância da estação terrestre que tenha 200 (o nosso limite de UAV) requisitantes de serviços que possam ser cobertos por um UAV, escolheremos sempre esta área para instalar um UAV desde o início. De seguida, dividimos este círculo em cinco círculos, cada um com mais 200 m de diâmetro do que o anterior. Teremos então cinco círculos com diâmetros de 200 m a um quilómetro, como se mostra abaixo.

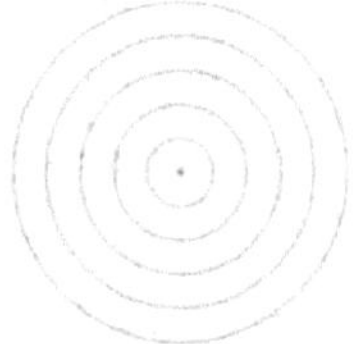

Figura 3.4: Divisão da parte central da zona

Para cada um destes círculos, optámos por calcular o número de requisitantes de serviços dentro do alcance de um UAV, utilizando cada cinco graus do ambiente dos círculos como posições possíveis do UAV. As posições possíveis são mostradas com pontos vermelhos no gráfico abaixo.

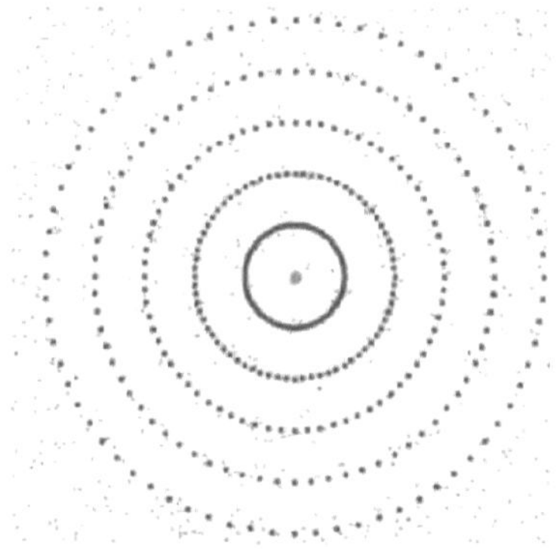

Figura 3.4: Digitalização da parte central da área

No último círculo, a distância entre as duas localizações que calculámos para a população é de 87,239. Isto dá-nos 360 localizações possíveis com base no mapa da população. Como se pode ver aqui, quanto maior for o número de localizações possíveis dos nós, maior será a precisão obtida. Esta área, devido à sua prioridade relativa, precisa de ter a resolução mais alta que pudermos, no entanto esta resolução pode não ser acessível devido a restrições de processamento. Existem muitas outras formas de digitalizar esta área ou mesmo utilizar a mesma digitalização que outras partes do mapa, dependendo da nossa situação. O importante aqui é que a forma como digitalizamos o mapa é independente das nossas abordagens, pelo que a regra geral é que quanto melhor for a resolução, melhor será a precisão das abordagens. A parte seguinte é digitalizar todas as outras partes do mapa. Criamos um mapa hexagonal com base no mapa da população com um raio de 200 m e um hexágono no centro do mapa, como se mostra abaixo.

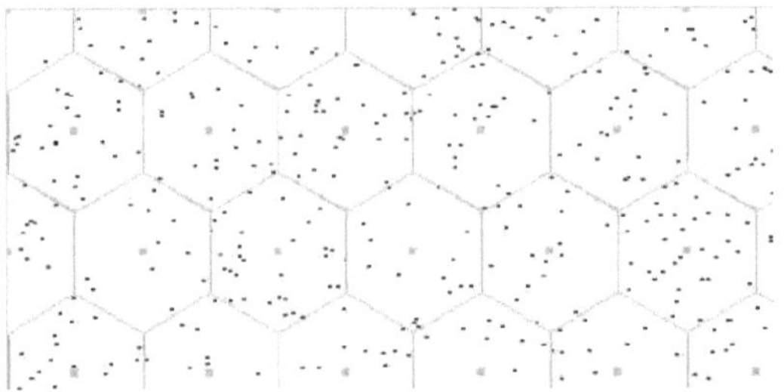

Figura 3.5: Digitalização do resto da área

Qualquer centro de hexágono, mesmo os hexágonos dentro dos círculos da etapa anterior, será contado como localização possível. O peso de cada localização possível é o número de serviços que um UAV fornecerá se for colocado nesse local, que será calculado com base no mapa da população. Para obter mais resolução no mapa, podemos adicionar mais hexágonos e calcular as configurações com base nas novas posições possíveis. Devemos acrescentar tanta resolução quanto a nossa capacidade de processamento permitir. Por exemplo, uma alteração fácil seria aumentar seis vezes o número de nós. Pegamos em cada um dos hexágonos do plano original e adicionamos cada uma das extremidades das arestas ao conjunto de localizações possíveis, como mostra a figura abaixo.

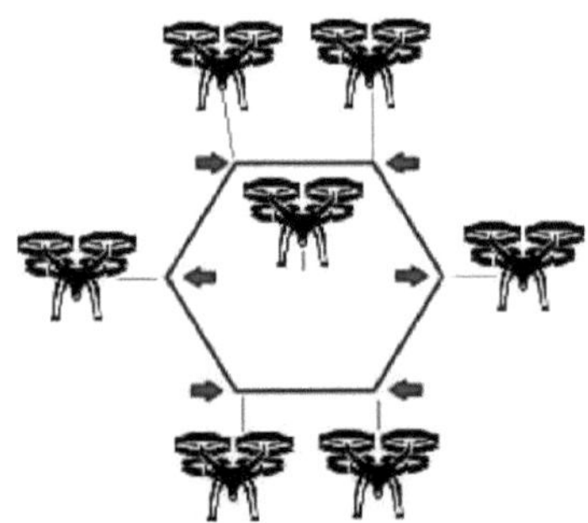

Figura 3.6: Aumento da resolução do mapa digitalizado

Esta abordagem dar-nos-á mais resolução no mapa. A imagem abaixo mostra a área após o aumento da resolução.

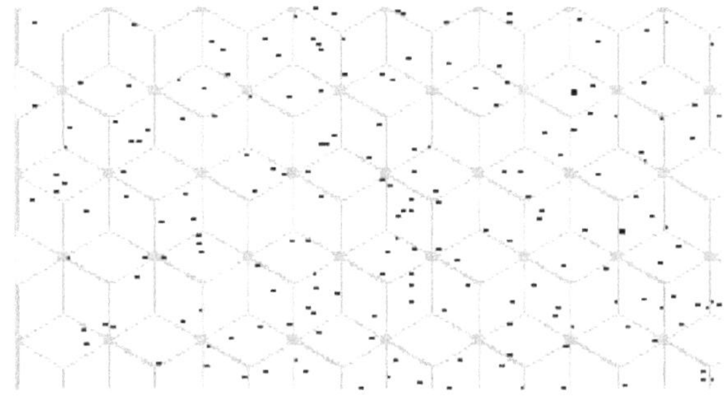

Figura 3.7: Área digitalizada com maior resolução

Outro ponto a ter em conta é que não calculamos a população com base na área do hexágono, mas num círculo de 200 m de raio centrado numa localização do nosso conjunto de localizações possíveis. Para facilitar a compreensão, limitamo-nos a criar o conjunto com base em hexágonos.

Depois de adicionarmos as novas posições possíveis, temos cerca de sete vezes o número de posições possíveis que podemos escolher, pelo que a resolução de todas as partes do mapa, exceto o centro, irá aumentar drasticamente. Outro ponto a considerar é que, sempre que uma posição é escolhida para implantação, o valor de outras posições pode mudar devido ao facto de terem uma área comum com a posição escolhida. Assim, após cada posicionamento, actualizamos o valor das posições disponíveis. Agora que já explicámos a base desta parte, passemos aos centros que têm mais de 200 membros. O que vamos fazer nesta situação é simples. Vamos transformá-los em mais do que uma posição possível, cada uma com 200 pesos, até à última que terá um peso inferior a 200. Em qualquer uma das nossas abordagens, se houver algum nó a um quilómetro de distância do centro que pese 200, escolhemos esse nó para implantar um UAV sem qualquer preocupação com a abordagem e, em seguida, iniciamos a abordagem com um número menor de UAVs e valores de posição actualizados. A lógica subjacente a esta ação é que nunca haverá uma opção melhor do que esta posição para um UAV adicional em qualquer ponto. Este UAV terá a capacidade máxima como rendimento e não necessitará de qualquer retransmissão.

3.3.2. Abordagens para decidir a localização dos UAV

Agora que falámos sobre a digitalização de mapas, vamos discutir as abordagens em si e a forma como as restrições que assumimos entram em jogo como variáveis em cada uma delas. Começaremos pela abordagem de força bruta e apresentaremos uma discussão geral sobre a razão pela qual esta abordagem não é viável em muitos casos. Em seguida, introduziremos uma abordagem gulosa e, por sua vez, falaremos sobre abordagens de antecipação em geral. Por fim, introduziremos uma abordagem gulosa optimizada que terá em consideração todo o mapa em qualquer momento. Em cada uma destas secções, falaremos sobre o tipo de mapa populacional adequado para a abordagem, a ordem de grandeza do processamento da abordagem e a sua tradução em tempo de implementação. Apresentaremos cenários de exemplo que também exploram os pontos fracos de cada abordagem.

3.3.2.1. Abordagem de força bruta

Existem duas formas possíveis de abordar uma solução de força bruta para este problema. Vamos explicar cada uma delas e a diferença entre elas. Tentaremos também dar uma estimativa geral do processo necessário para cada uma delas e falaremos sobre cada abordagem. Em geral, as abordagens de força bruta, que exigem um elevado poder de processamento, são muito utilizadas para uma variedade de tarefas, como [33].

A primeira abordagem para uma solução de força bruta seria construir todas as soluções possíveis com base no número de UAVs disponíveis, que é 10 para este UAS. Teremos perto de (456*4) ^10 soluções possíveis. A incerteza é causada por nós adicionais que podem ser acrescentados para transformar nós com peso superior a 200 em nós com peso inferior a 200. Não esquecer que, para cada nó possível no mapa digitalizado, teremos quatro posições possíveis no conjunto de posições possíveis. Isto deve-se ao facto de que, se a ligação em cada extremidade atingir 600, temos de poder colocar mais do que um UAV na mesma posição para suportar o número de ligações. Este número alterar-se-á com diferentes variáveis na entrada. Este número reflecte o número máximo de UAVs necessários para retransmitir todas as ligações: Aqui temos um máximo de 2000 ligações (10 UAVs * 200 ligações cada) e cada UAV pode retransmitir até 600 ligações. Os 2000/600 dar-nos-ão a capacidade de UAV em cada posição possível. Após a construção de cada configuração de UAS, procederemos a um processo de validação da configuração.

- Começamos por validar que cada UAV se encontra a um quilómetro de distância de pelo menos um outro UAV.
- Verificamos o valor do relé das ligações para ver que nenhum deles atinge 601.

Se a configuração do UAS seguir estas regras, é um sistema aceitável e guardamo-lo. Depois de processar todas as configurações possíveis e calcular as aceitáveis, escolhemos a que tem mais ligações de serviço. Esta abordagem, tal como referido anteriormente, requer uma enorme quantidade de poder de processamento. Há muitas melhorias que podemos fazer para esta abordagem e tentaremos fazer algumas na próxima abordagem, mas, por natureza, qualquer abordagem de força bruta é fortemente dependente do processo.

Na segunda abordagem, tentaremos eliminar as configurações à medida que percorremos as configurações possíveis. O conjunto de posições possíveis é o mesmo que o da abordagem anterior, com 360 posições possíveis a partir da digitalização do centro mais 96 posições possíveis a partir dos hexágonos. Começamos pelo centro.

Adicionamos todos os nós com 200 valores e menos de um quilómetro de distância do centro à configuração final. De seguida, iniciamos um processo recursivo para os restantes UAVs. Em cada passo:

Analisamos as posições que estão a uma distância máxima de um quilómetro de um dos UAVs na configuração até agora ou do centro. Isto dar-nos-á possíveis posições para o UAV atual. Se colocarmos este UAV, calculamos se alguma das extremidades será superior a 600. Em caso afirmativo, adicionamos UAVs no local apropriado para suportar a retransmissão de mais de 600 ligações e alteramos o número de UAVs restantes. De seguida, chamamos a mesma função com a nova configuração para todos os nós possíveis neste estado. Continuamos a fazer isto até a configuração atingir 10 UAVs. De seguida, devolvemos a configuração como uma configuração aceitável.

Vejamos um exemplo. Suponhamos que não temos nenhuma posição possível a um quilómetro de distância do centro com valor (pedido de serviço) igual ou superior a 200. Começamos então pelo próprio centro. Qualquer uma das posições possíveis na figura 3.4 é uma posição possível para o primeiro UAV. Para cada uma delas, recordamos a função. Suponhamos que escolhemos uma posição dentro da distância de um quilómetro do centro (linha verde na figura 3.8), como mostra a figura abaixo.

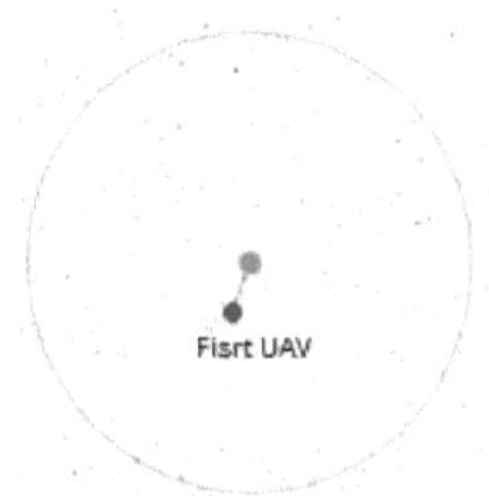

Figura 3.8: Primeiro passo na segunda abordagem da abordagem de força bruta

No passo seguinte, podemos escolher quaisquer posições possíveis dentro da distância de um quilómetro do centro ou do primeiro UAV, como mostrado com linhas verdes na figura 3.9. Podemos escolher outra posição para a colocação do UAV, como se mostra abaixo, e continuamos a repetir esta abordagem para todos os UAVs e todas as posições possíveis.

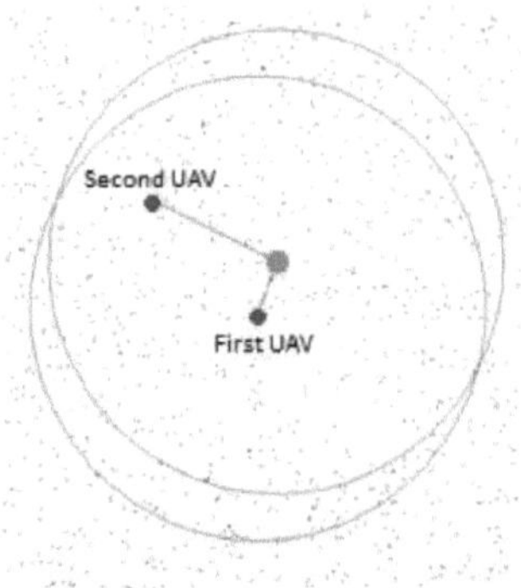

Figura 3.9: Segunda etapa da segunda abordagem da abordagem de força bruta

Suponhamos que, após alguns movimentos, chegamos ao estado da figura abaixo. Depois de adicionar o sexto UAV à configuração, a ligação entre o primeiro nó e o centro tem mais de 600 ligações. Adicionamos então outro UAV no mesmo local que o primeiro nó para suportar o número de ligações que estamos a tentar retransmitir. Em seguida, continuamos como habitualmente, chamando a função para cada posição possível, mas em vez de a chamarmos com uma configuração constituída por 6 UAVs, chamamo-la agora com uma configuração de sete UAVs.

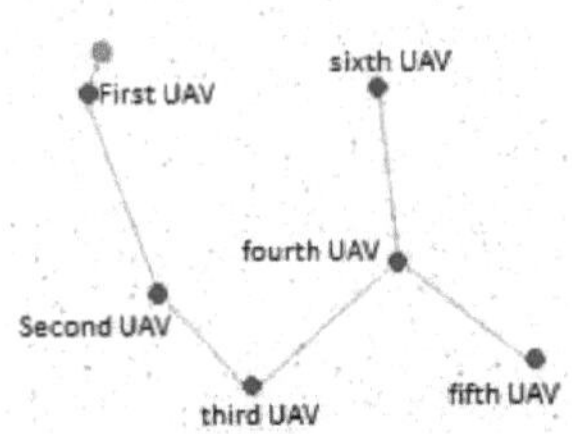

Figura 3.10: Exemplo de adição de UAV retransmissor em abordagens de força bruta

Esta abordagem eliminará a necessidade de validação da configuração e podemos simplesmente escolher a configuração com os pedidos de serviços mais elevados como o melhor cenário.

Ambas as abordagens de que falámos resultarão na melhor configuração com base no mapa da população atual. No entanto, ambas consomem muito tempo. A última, com muitas optimizações, demora aproximadamente uma hora a ser executada com cinco UAVs num computador pessoal. Abaixo está um exemplo disso:

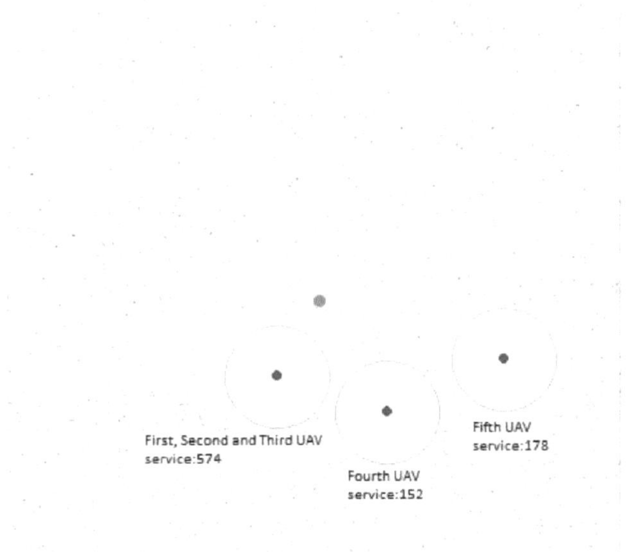

Figura 3.11: Resultado da abordagem de força bruta para um mapa uniforme com 5 UAVs

Qualquer abordagem que tente executar este tipo de abordagem terá um tempo de implementação elevado, pelo que, embora esta seja sempre a melhor abordagem em termos de desempenho, devido ao elevado tempo de implementação, iremos introduzir outras abordagens para esta tarefa. Esta abordagem também não dependerá do tipo de mapa.

3.3.2.2. Abordagem gulosa e antecipação

Nesta secção, começaremos por falar de uma abordagem gulosa para resolver este problema e daremos um exemplo de como esta abordagem funciona. De seguida, explicamos os tipos de mapas para os quais esta abordagem é adequada e os seus prós e contras. Depois, falaremos das abordagens de antecipação como um todo e explicaremos os requisitos de processamento destas abordagens. Falaremos das abordagens de antecipação no contexto do nosso problema e tentaremos explicar qual o grau de antecipação que melhor se adequa às nossas necessidades.

Nesta parte, resolveremos o problema utilizando uma abordagem gulosa e falaremos sobre a solução e a sua aptidão para diferentes problemas. Utilizaremos a mesma digitalização que utilizámos nas secções anteriores. Uma abordagem gulosa é um paradigma algorítmico que obtém uma solução óptima para um problema através de uma sequência de escolhas. Para cada ponto de decisão no algoritmo, é escolhida a opção que parece melhor no momento [34]. Existem diferentes implementações da abordagem gulosa para diferentes problemas, como por exemplo [35]. A tradução deste paradigma no nosso problema seria escolher um UAV que dê a máxima cobertura dentro das distâncias de 1Km dos UAVs actuais e fazer isto até atingirmos o limite do número de UAVs que temos. Com base neste paradigma, vamos abordar o problema da seguinte forma:

- Obter a configuração até ao momento e, se o número de UAVs for inferior a 10, continuar. Se o número de UAVs for 10, então a configuração é o resultado da abordagem gulosa.
- Para cada nó da configuração até ao momento e para o centro, adicione todas as posições possíveis que estejam a uma distância de 1 km de pelo menos um dos UAVs na configuração ou da estação de base a um conjunto temporário de posições possíveis.
- Entre todos os nós da reserva temporária, seleciona o que tiver mais pedidos de serviço.
- Se a adição do nó fizer com que um UAV retransmita mais de 600 ligações, adicione os UAVs necessários para suportar o número de ligações e altere o valor da posição para os pedidos de serviço acima do número de UAVs utilizados. Se o nó ainda tiver o valor máximo e os UAVs necessários não fizerem com que a configuração ultrapasse os 10 UAVs, escolha a posição para a implantação do UAV e adicione todos os UAVs necessários à configuração.
- Se o nó já não tiver o valor máximo, faça isto até decidir uma posição.

Vamos analisar esta abordagem com um exemplo. O primeiro passo é apresentado na figura 3.12. Esta será a primeira iteração da nossa abordagem. Analisamos todas as posições possíveis dentro da distância de um quilómetro do centro, que é mostrada na figura pelo círculo verde. De seguida, escolhemos a que tem os pedidos de serviço mais elevados.

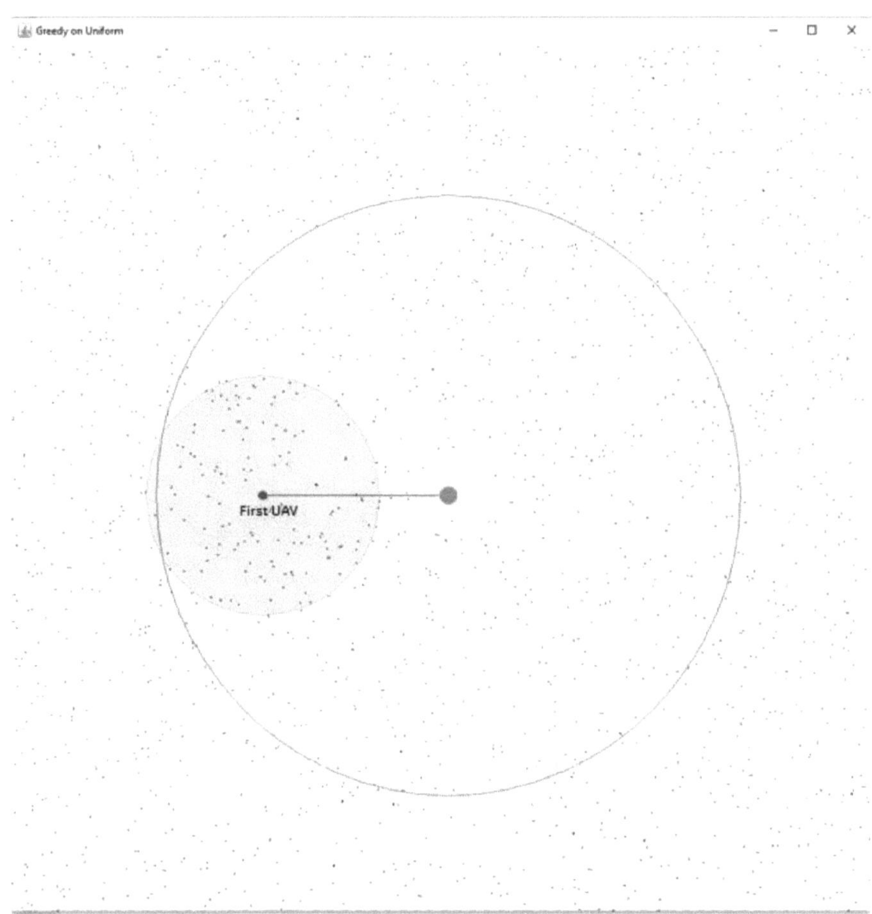

Figura 3.12: Primeira etapa da abordagem gulosa

Para a próxima iteração, vamos considerar todos os nós dentro da distância de um quilómetro do centro e do primeiro UAV, o que é mostrado na figura 3.13 com os círculos verdes. Escolheremos então o nó que tem mais pedidos de serviço.

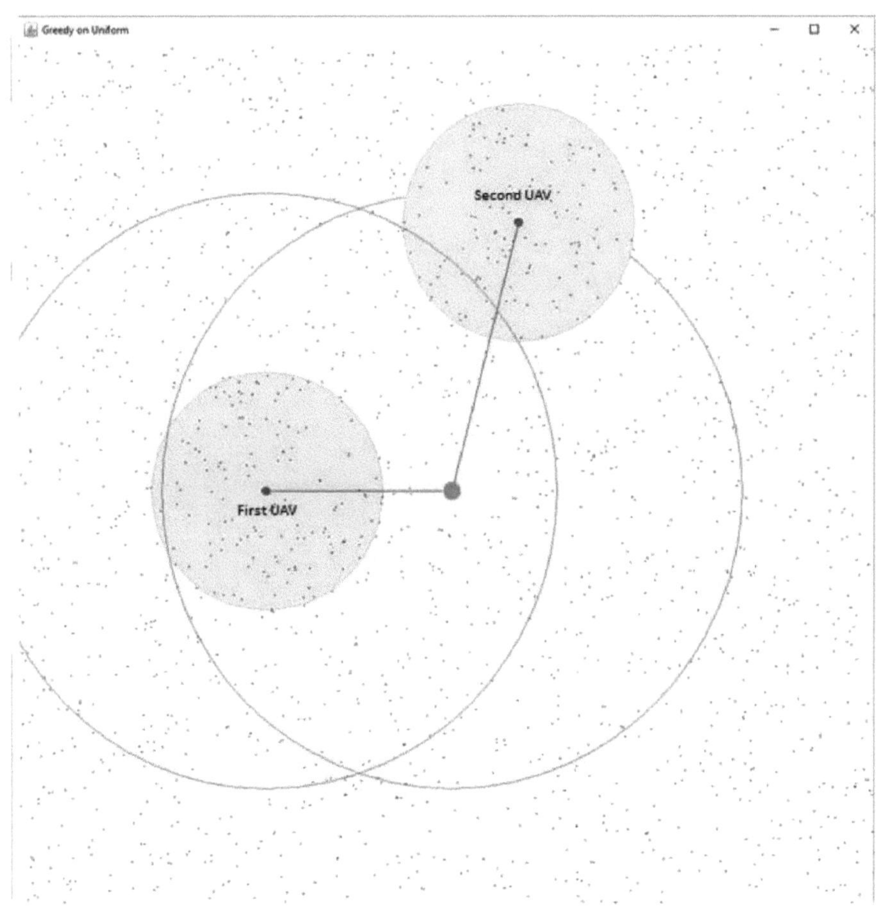

Figura 3.13: Segunda etapa da abordagem gulosa

Na terceira iteração, analisaremos os três círculos em torno dos UAVs e da estação de base para obter o máximo de pedidos de serviço, conforme mostrado na figura 3.14.

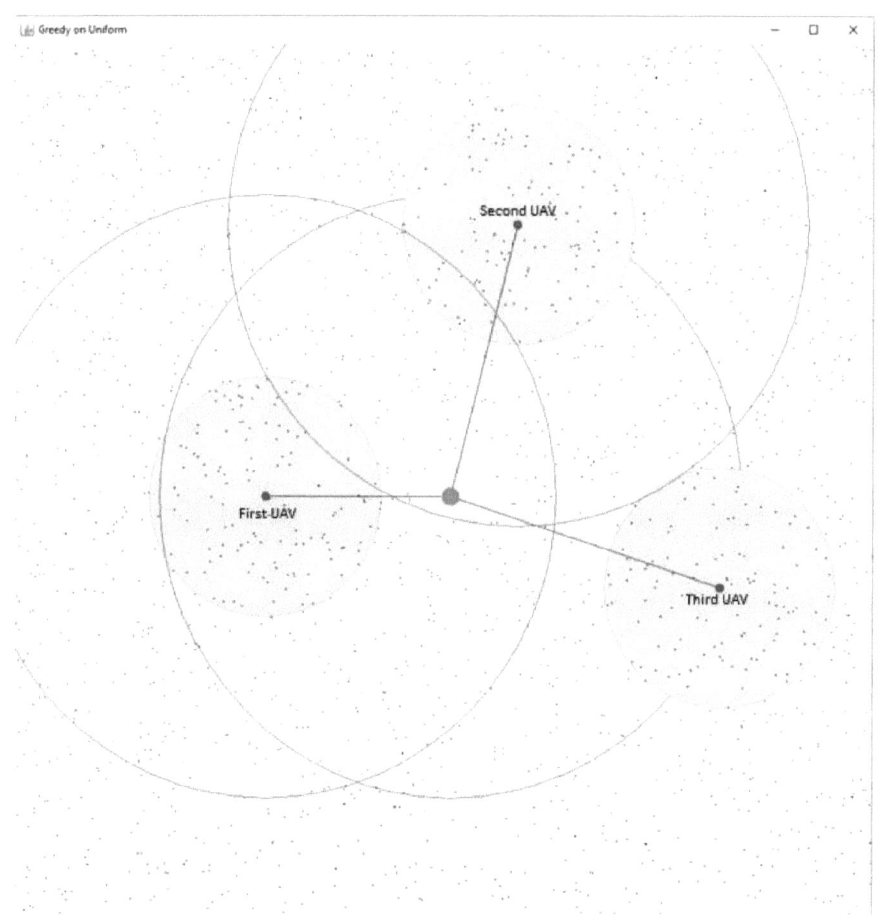

Figura 3.14: Segunda etapa da abordagem gulosa

O mesmo se aplica aos passos seguintes até atingirmos o número de UAVs disponíveis. Suponhamos agora que estamos a escolher a nossa 6ª posição para os UAVs e que escolhemos uma posição que faz com que um dos nossos UAVs retransmita mais de 600 ligações. Adicionamos então um UAV no mesmo local que o UAV com mais de 600 ligações de retransmissão e alteramos o valor do nó de posição para metade. De seguida, voltamos ao conjunto para ver se existem outras posições com um valor superior ao desta posição. Em caso afirmativo, trocamos o nó que escolhemos pelo novo e fazemos isso até chegarmos a uma posição. Um exemplo da configuração completa será o mostrado na figura 3.15.

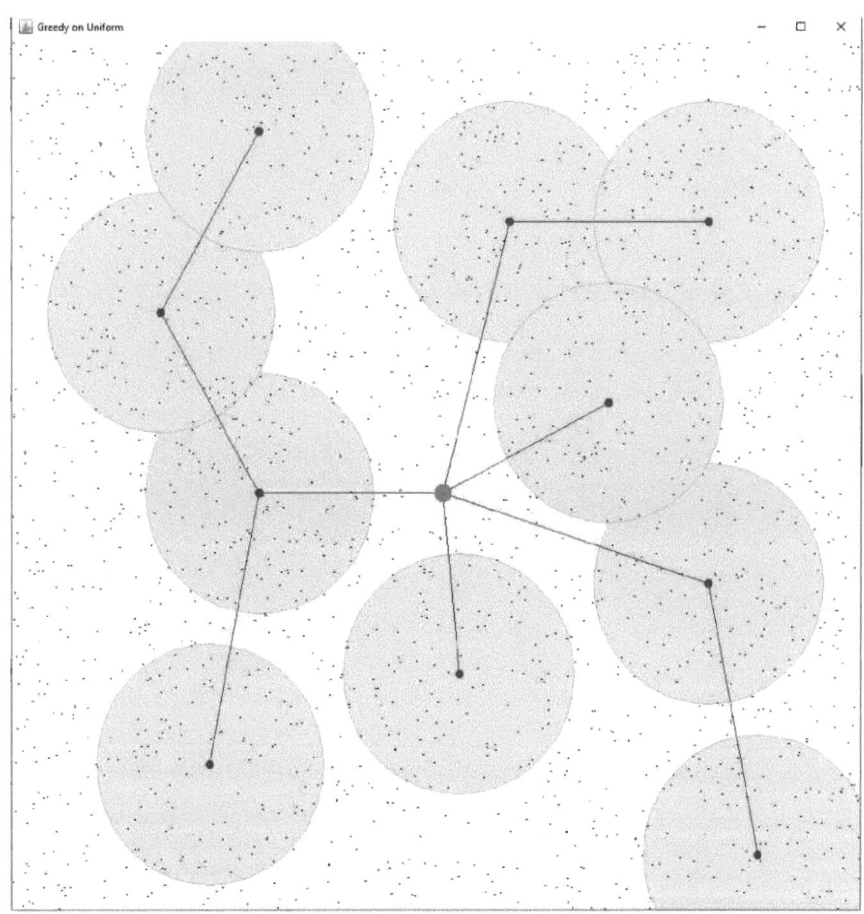

Figura 3.15: Um exemplo de configuração completa da abordagem gulosa

Agora que compreendemos a abordagem, vamos falar sobre as situações em que esta abordagem pode ser adequada. Em primeiro lugar, vamos supor que queremos resolver o problema com um mapa da população, como se mostra a seguir.

Figura 3.16: Exemplo de um mapa da população com quatro distribuições normais

A abordagem gulosa seguirá a melhor escolha num determinado passo. Assim, a abordagem pode seguir um dos centros populacionais e, depois de lá chegar, pode nunca olhar para os outros dois centros, um dos quais pode conter mais população. Um caso extremo para demonstrar esta falha é o seguinte. Suponhamos que temos um subscritor a cada 100 m do centro para a direita e que, depois de chegarmos ao limite do mapa, temos um subscritor no limite direito do mapa a cada 100 m. Desta forma, temos 45 pedidos de serviço e temos 1955 subscritores no canto superior esquerdo do mapa e só temos quatro UAVs. A abordagem escolherá mover-se para a direita a cada passo porque, nas proximidades do centro e dos UAVs escolhidos, não há opções melhores. No entanto, a abordagem nunca irá olhar para o centro populacional com mais população. Como se pode concluir, esta abordagem não é adequada para todos os tipos de mapas populacionais. Sugerimos a utilização desta abordagem se pudermos efetuar a extração de dados do mapa e concluir que se trata de um mapa uniforme. Se a utilizarmos em qualquer outro tipo, não poderemos garantir que a configuração baseada no máximo local convergirá para a configuração ideal. No entanto, esta abordagem terá sempre um tempo de cálculo linear e depende apenas da resolução com uma dependência de correlação inferior a 1. Como é evidente, esta abordagem tem o menor tempo de implementação, mas pode não ser adequada para todos os tipos de mapas de população. Podemos determinar este facto determinando o tipo de mapa da população.

Depois de falarmos sobre a abordagem gulosa, precisamos agora de falar sobre as abordagens de antecipação como um todo. Look-ahead é o termo genérico para uma abordagem que tenta prever os efeitos da escolha de uma variável de ramificação para avaliar os seus valores.

Os dois principais objectivos do look-ahead são escolher uma variável para avaliar a seguir e a ordem dos valores a atribuir-lhe [36]. A abordagem do look-ahead com o look-ahead de 'K' neste problema é a seguinte. Para escolher uma posição em qualquer passo, vamos olhar para todas as posições possíveis para atribuir à configuração. Para cada uma delas, veremos todas as configurações que incluem essa posição e k-1 posições ao lado dessa que são aceitáveis com as nossas limitações. Em seguida, vemos qual destas configurações tem o valor mais elevado, que é o número de utilizadores atendidos, e atribuímos esse valor à posição. Agora, de todos os valores que temos disponíveis em cada passo, escolhemos o que tem o valor mais elevado e continuamos a fazê-lo até não termos mais UAVs. De seguida, escolhemos todas as posições com base na configuração que nos deu o valor mais elevado e teremos a melhor configuração possível para K UAVs. Como se pode ver, a abordagem look -head é o meio-termo entre a força bruta e a abordagem gulosa. Uma abordagem gulosa pode ser vista como uma antecipação de um e uma abordagem de força bruta pode ser vista como uma antecipação do número de UAVs disponíveis. Existem diferentes formas de abordar uma antecipação. Algumas destas abordagens podem ser mais pesadas do que outras. Uma das abordagens mais pesadas em termos de processos é a que explicámos acima. As outras abordagens seriam: quando escolhemos o nó com o valor mais elevado, adicionamos também toda a configuração que resultou nesse valor. Uma abordagem de antecipação de K terá uma complexidade temporal de K, o que por vezes pode ser uma abordagem viável. Para escolher um K ótimo que nos dê a melhor cobertura e tenha o menor tempo de implementação, temos de voltar ao mapa. A forma de calcular o K ótimo é a seguinte: a distância máxima do centro no mapa, que é de 2121 m, menos a distância a que um UAV se pode ligar à estação terrestre, que é de 1000 m neste exemplo, sobre a distância máxima a que dois UAV se podem ligar, que é de 1000 m neste exemplo. Assim, temos (2121 -1000)/1000 que arredondamos para 2. Este número dá-nos o número de UAVs necessários para alcançar a parte mais distante do mapa. Qualquer abordagem com uma antecipação de dois será capaz de alcançar a parte mais distante do mapa a partir do centro, pelo que o resultado será um máximo global em vez de um máximo local. Como se viu, este número varia consoante os dados do problema, mas qualquer abordagem com mais do que este número produzirá os mesmos resultados. Para o nosso problema específico, uma abordagem com uma complexidade de tempo de N^2 pode não ser adequada para muitos cenários devido ao tempo de implementação, no entanto, se pudermos pagar o tempo de implementação, esta abordagem resultará sempre na mesma configuração que a abordagem de força bruta mencionada na secção anterior. Esta abordagem é adequada para qualquer tipo de mapa de população.

3.3.2.3. Abordagem de distribuição

Nesta secção, falaremos de uma abordagem de distribuição para resolver este problema e daremos um exemplo de como esta abordagem funciona. Em seguida, explicaremos a complexidade temporal da abordagem, os tipos de mapas para os quais esta abordagem é adequada e discutiremos os prós e os contras desta abordagem.

Nesta abordagem, não nos limitaremos a um UAV em cada etapa. Iremos analisar todas as posições possíveis em que podemos colocar um UAV. Também nesta abordagem continuamos a utilizar a mesma digitalização do mapa. A abordagem é a seguinte:

- Se a configuração não tiver 10 UAVs, continue a fazer o seguinte
- Para cada posição possível dos UAV, avaliar o valor com base na seguinte fórmula
    - o Para avaliar uma posição possível, traçamos uma linha entre esse ponto e todos os pontos da configuração ou o centro desse ponto e escolhemos o que tiver o valor mais elevado
    - o Por cada 1000 metros de distância, assumimos que colocamos um UAV exatamente a 1000 m do ponto anterior e adicionamos os serviços que estes UAVs irão fornecer
    - o Adicionamos o valor da localização final aos valores dos nós de ligação
    - o Verificamos se a configuração após a ligação necessita de mais UAV de modo a que nenhum retransmissor seja superior a 600
    - o Dividimos o valor pelo número de UAVs de retransmissão e UAVs de ligação e atribuímos este número à posição possível
- Escolhemos a posição com o valor mais elevado que não exceda o número de UAVs disponíveis.
- Se ainda tivermos UAVs, voltamos ao início

Vejamos um exemplo. Como mostra a figura abaixo, vamos calcular o valor de todas as posições possíveis com base na distância do centro. De seguida, escolhemos a que tem o valor máximo, que é mostrado com um círculo vermelho, a um quilómetro do centro, para que não haja relés. Esta posição tem um valor de 662. Isto significa que temos de colocar três UAVs para apoiar esta posição antes de avançar com o processo.

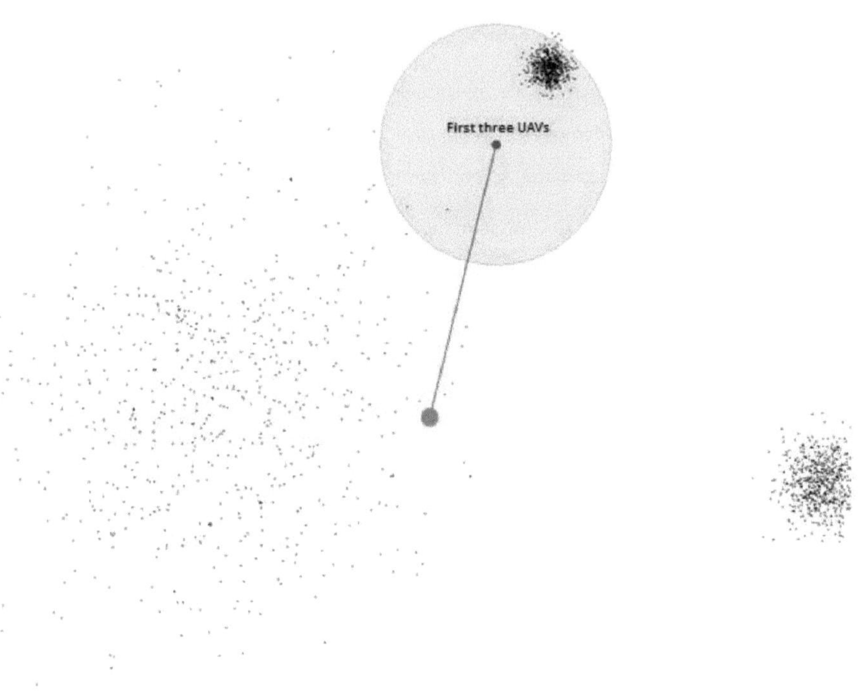

Figura 3.17: Primeira etapa da abordagem distribuída

Depois de escolher as três primeiras posições, vamos reavaliar as posições possíveis. Desta vez, para cada posição possível, veremos se a posição terá mais valor calculado com base no centro ou na primeira posição. De seguida, adicionamos os valores da posição de retransmissão e do nó final e dividimos pelo número de UAVs que vamos utilizar para chegar a esse nó. Como mostra a figura abaixo, desta vez o valor da posição à esquerda é 292. Decidimos colocar um UAV nessa posição.

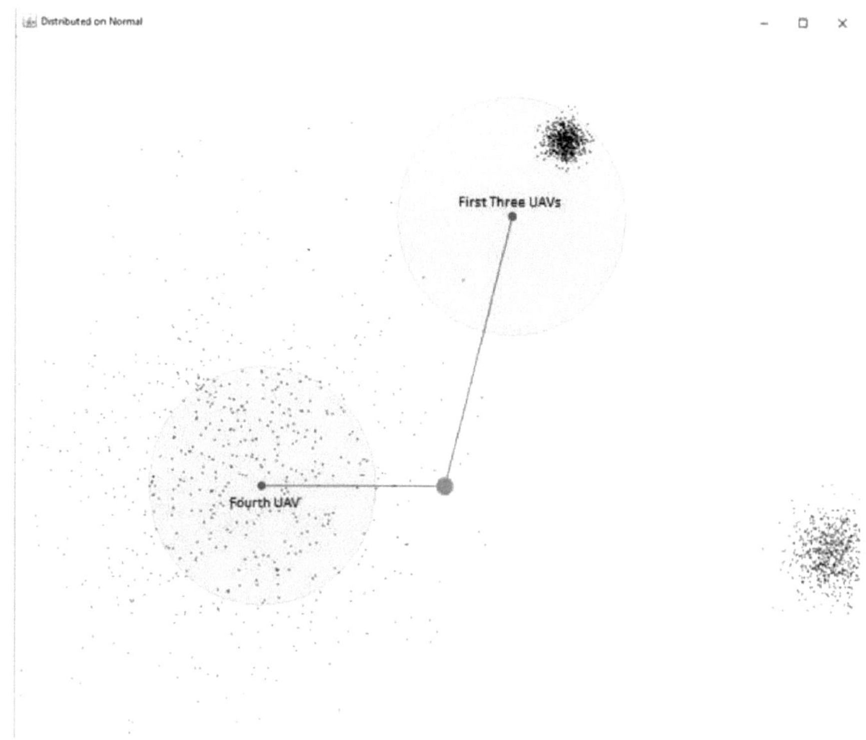

Figura 3.18: Segunda etapa da abordagem distribuída

Desta vez, vamos olhar para o mapa e ver o centro da população à direita, que tem o valor de 507. Vemos que se colocarmos um UAV de retransmissão perto do centro, podemos suportar 6 utilizadores em terra e ter um UAV de retransmissão para chegar ao centro. Adicionamos então 507 e 6 e dividimos pelo número de UAVs, que é três (dois para serviço e um para retransmissão). A resposta é 171, que é o maior número de que dispomos nesta fase. Em seguida, desenhamos a linha e atribuímos os UAVs como mostra a figura abaixo.

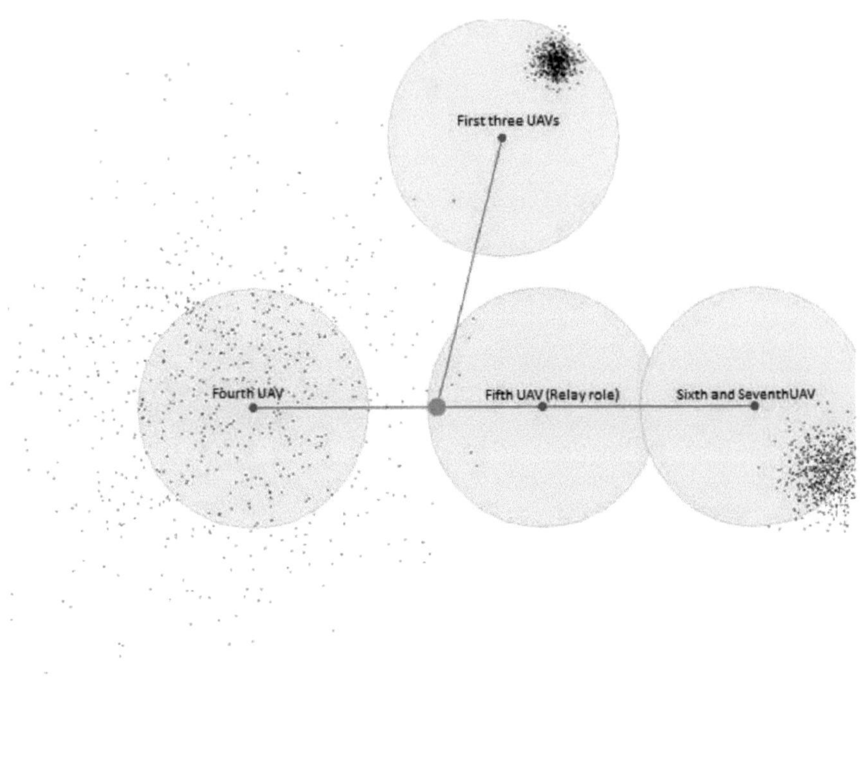

Figura 3.19: Terceira etapa da abordagem distribuída

O mesmo se aplica às etapas seguintes, até atingirmos o número de UAVs disponíveis.

Agora que temos uma melhor compreensão da abordagem, vamos falar sobre algumas alterações que podemos fazer para otimizar o resultado. A primeira coisa que devemos ter em conta é que estamos a digitalizar sempre que fazemos posições de revezamento e, como tal, quanto mais resolução tivermos, mais precisos serão os resultados que podemos esperar. Suponhamos que temos uma linha de 2500m. Na abordagem explicada, escolhemos os nós de ligação da seguinte forma: primeiro nó a 1000 metros de um dos UAVs na configuração. A segunda posição estará a 2000 m do mesmo UAV na configuração e a terceira no fim da linha. Podemos mudar isso para ver qual posição é a melhor opção para o relé dentro dessa linha. Uma solução simples é calcular o valor para três opções diferentes de . A primeira seria a mesma posição mencionada acima. Para a segunda, escolhemos o oposto da anterior, o primeiro UAV de retransmissão a 500 m de distância, o segundo UAV a 1500 m de distância e o último UAV a 2500 m de distância. Como terceira opção, podemos avaliar uma distância igual de 833,33 m para todos os UAVs. Depois, vemos qual deles dá os serviços mais elevados e escolhemos esse como o valor para a posição possível. Há muitas outras formas de o fazer, mas mais resolução significa mais tempo de implementação. Neste caso, temos de fazer um compromisso entre a precisão e o tempo de implantação.

Esta abordagem funcionará para todos os tipos de mapas de população, uma vez que nunca ignorará qualquer parte do mapa. No entanto, nunca atingirá a precisão de uma abordagem de antecipação com K suficiente para suportar o mapa. Um exemplo simples para mostrar a diferença seria o seguinte: suponhamos que temos um mapa em que o valor de cada nó possível é 50, mas o valor em qualquer nó de ligação é 0. Temos uma área excecional no canto superior direito com uma posição com 100 pedidos de serviço. Nesta situação, cada vez que a abordagem itera, decide-se por um dos nós de valor 50 que estão dentro da vizinhança de um quilómetro da configuração e pode nunca atingir o nó de valor 100. No entanto, a cada passo podemos aproximar-nos do nó e, antes de ficarmos sem UAVs, podemos chegar a esse nó. Este é um exemplo simples de como esta abordagem pode perder algumas oportunidades para otimizar o resultado final, no entanto, em comparação com a abordagem gulosa, o intervalo de perdas é dramaticamente menor. No mesmo exemplo, se em vez de 50 pedidos de serviço cada nó tivesse 49, a abordagem encontraria o caminho para a melhor posição. Os resultados desta abordagem são ainda aceitáveis em muitos casos, especialmente porque a complexidade temporal desta abordagem é linear, tal como a da abordagem gulosa. A desvantagem desta abordagem é que não responde a pequenas diferenças e só responde a diferenças proporcionalmente comparáveis à distância.

3.3.3. Comparação das abordagens

Agora que já compreendemos todas as abordagens acima, vamos comparar o desempenho destas abordagens em diferentes tipos de mapas de população. Lembre-se de que estes são cenários de amostra e que o desempenho exato depende do mapa da população, das diferentes abordagens e da implementação. No entanto, esta comparação destina-se a dar uma ideia geral sobre o desempenho das abordagens e não pretende explorar nenhuma das falhas mencionadas nas secções anteriores. Não incluiremos a abordagem de força bruta na nossa comparação devido a restrições de procedimento para a simulação.

3.3.3.1. Uniformes

O primeiro tipo de mapa que iremos analisar serão os mapas uniformes. Uma amostra de um mapa uniforme e o desempenho da abordagem gulosa e de distribuição são apresentados nas figuras abaixo:

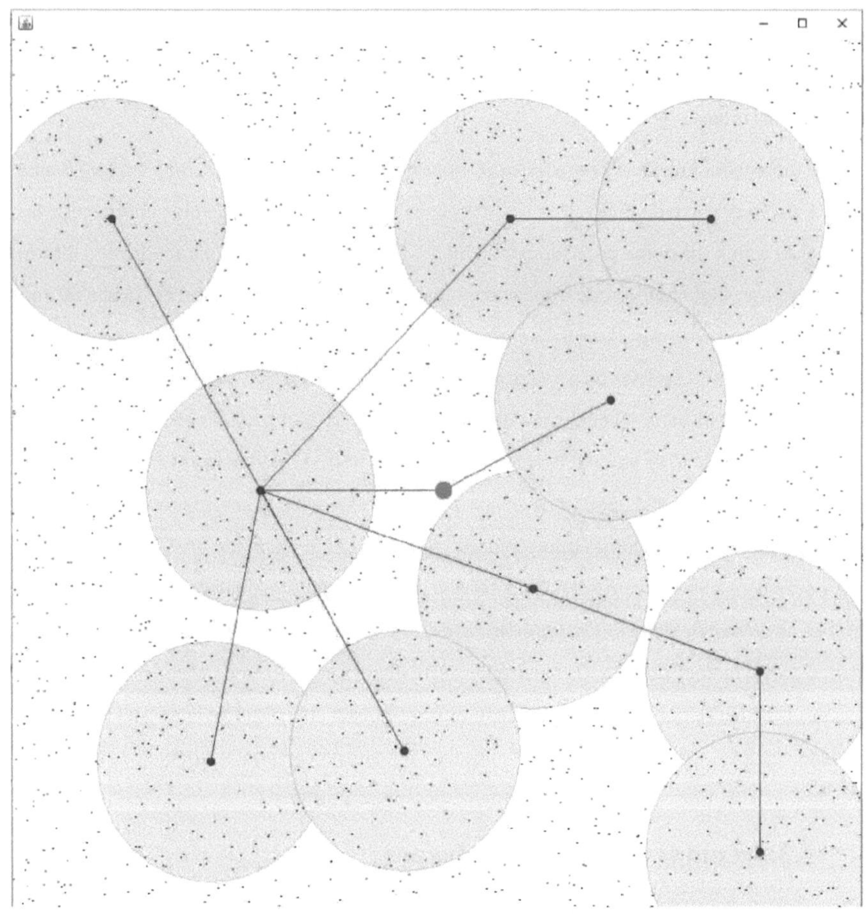

Figura 3.20: Abordagem distribuída num mapa uniforme com 1122 serviços

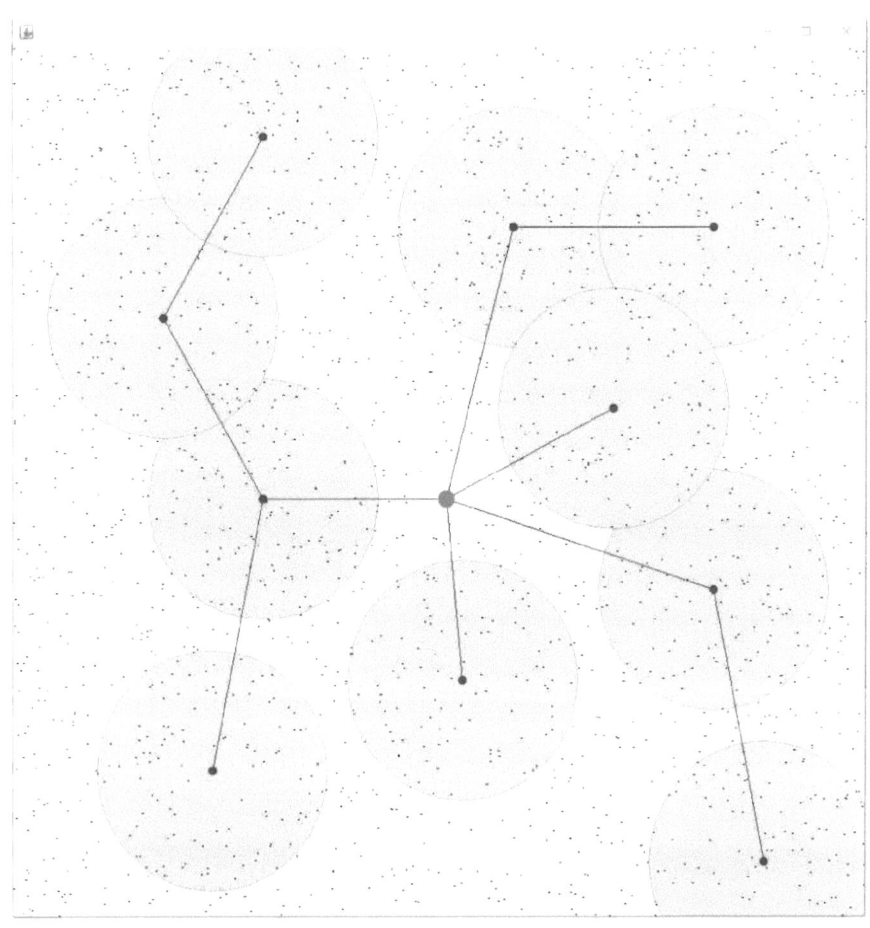

Figura 3.21: Abordagem gulosa num mapa uniforme com 1033 serviços

Como se pode ver, o número de utilizadores atendidos é muito próximo entre as duas abordagens num mapa de população uniforme. Em média, se escolhermos aleatoriamente, 10 UAVs devem servir 1116 utilizadores mas, como se pode ver, a abordagem distribuída tem um resultado superior à média. O mapa de distribuição terá sempre um desempenho igual ou superior ao da abordagem gulosa, porque a gulosa faz parte do sistema distribuído. Se não verificarmos o valor de todas as posições possíveis em qualquer passo e, em vez disso, verificarmos apenas o valor das posições em torno dos UAVs até ao momento, a abordagem de distribuição tornar-se-á a abordagem gulosa. No entanto, a abordagem gulosa tem uma fração dos processos necessários em comparação com a abordagem de distribuição. Como é

Aparentemente, se o tipo de mapa for uniforme, podemos utilizar qualquer um dos dois e isso depende apenas do nosso desempenho aceitável e do tempo de implementação.

3.3.3.2. Normal com um centro e desvio baixo

O segundo tipo de mapa que iremos analisar será um mapa normal com baixo desvio. Uma amostra de um mapa normal deste tipo e o desempenho da abordagem gulosa e de distribuição são apresentados nas figuras abaixo:

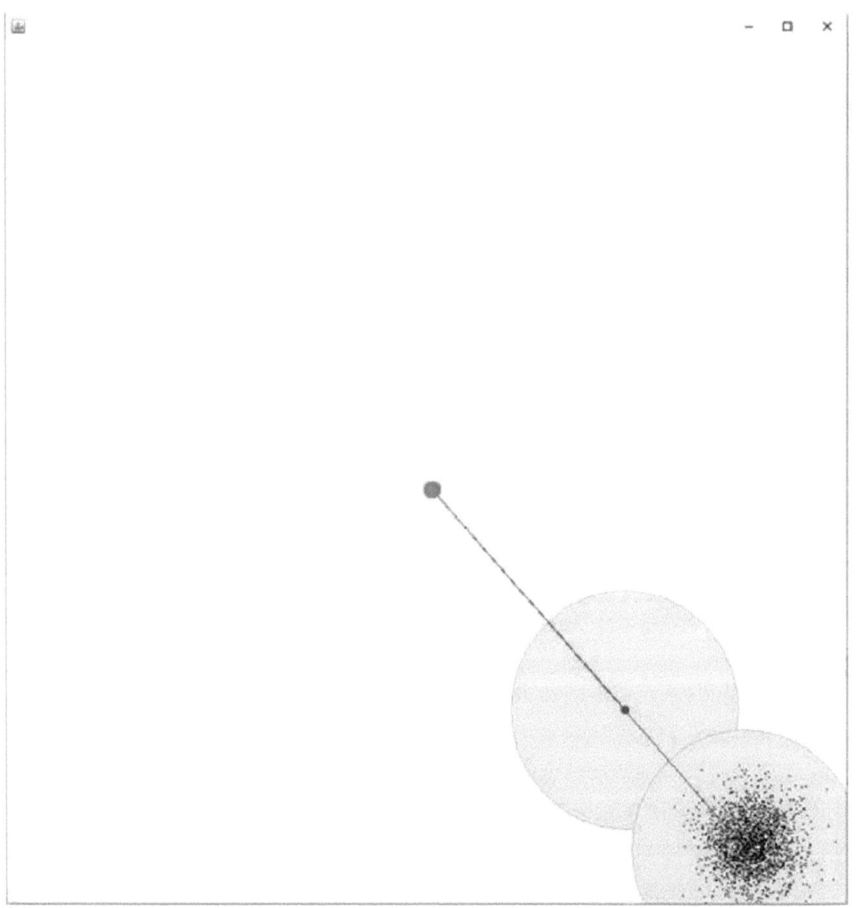

Figura 3.22: Abordagem distribuída num mapa normal com baixo desvio, 1400 serviços

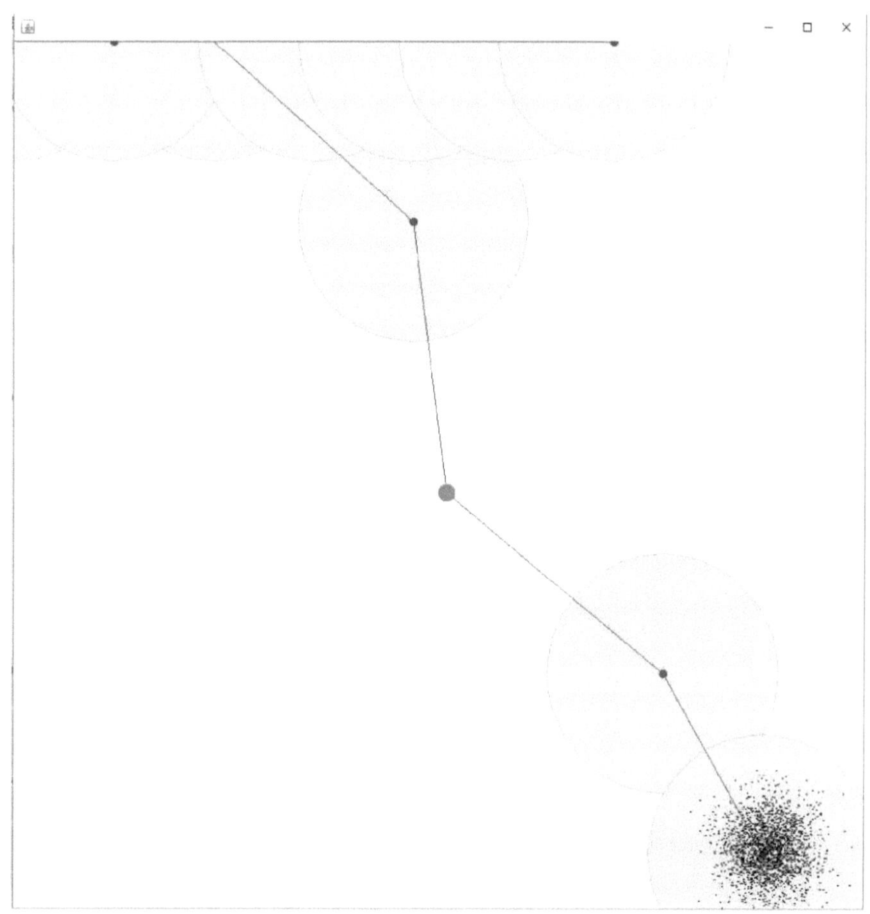

Figura 3.23: Abordagem gulosa num mapa normal com baixo desvio, 200 serviços

Como se pode ver acima, as duas abordagens têm desempenhos muito diferentes. Na abordagem gulosa, a abordagem tenta preencher as partes do mapa sem quaisquer pedidos de serviço na sua vizinhança. Em seguida, tenta explorar o lado superior esquerdo do mapa da população. Em seguida, desloca-se mais para a direita, ainda sem qualquer serviço. Depois de oito UAVs e de explorar o lado superior do mapa, desloca-se para o lado inferior direito do mapa. Aqui, descobre uma parte do mapa com pedidos de serviço, no entanto, só resta um UAV para prestar serviço. Por outro lado, a abordagem distribuída olha para o mapa e descobre uma posição possível com 2000 pedidos de serviço, escolhe então três UAVs retransmissores para acomodar sete UAVs prestadores de serviço.

3.3.3.3. Normal com um centro e desvio elevado

O terceiro tipo de mapa que iremos analisar será um mapa normal com um centro próximo da estação terrestre e um desvio elevado. Uma amostra de um mapa normal deste tipo e o desempenho da abordagem gulosa e da distribuição são apresentados nas figuras abaixo:

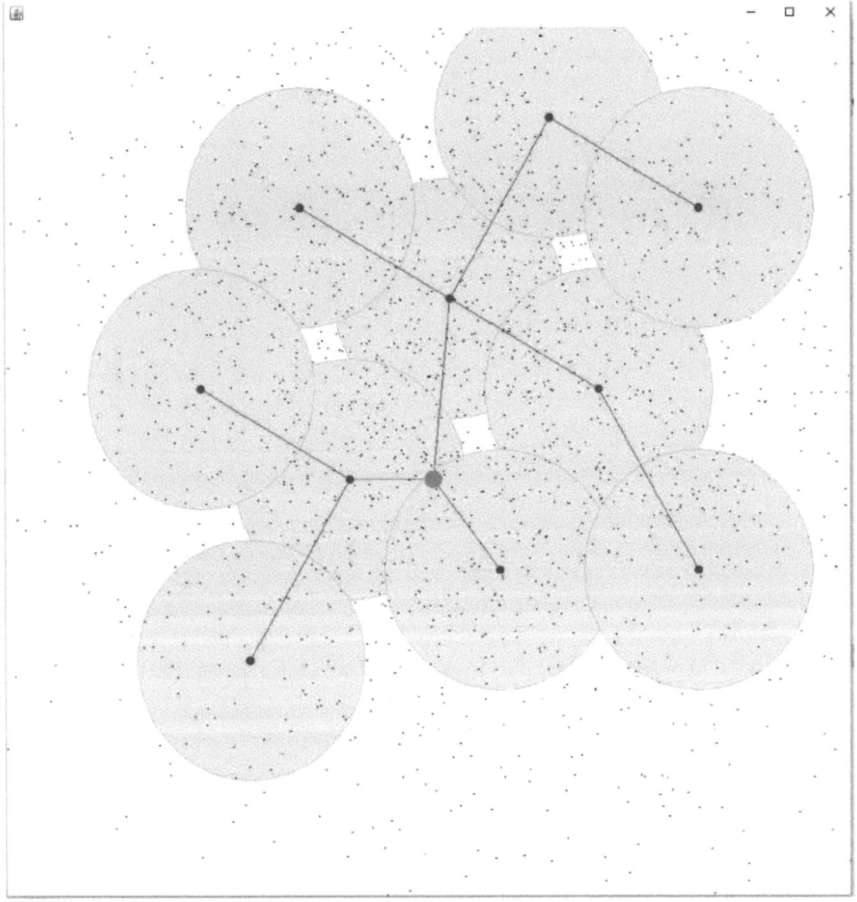

Figura 3.24: Abordagem distribuída num mapa normal com desvio elevado, 1392 serviços

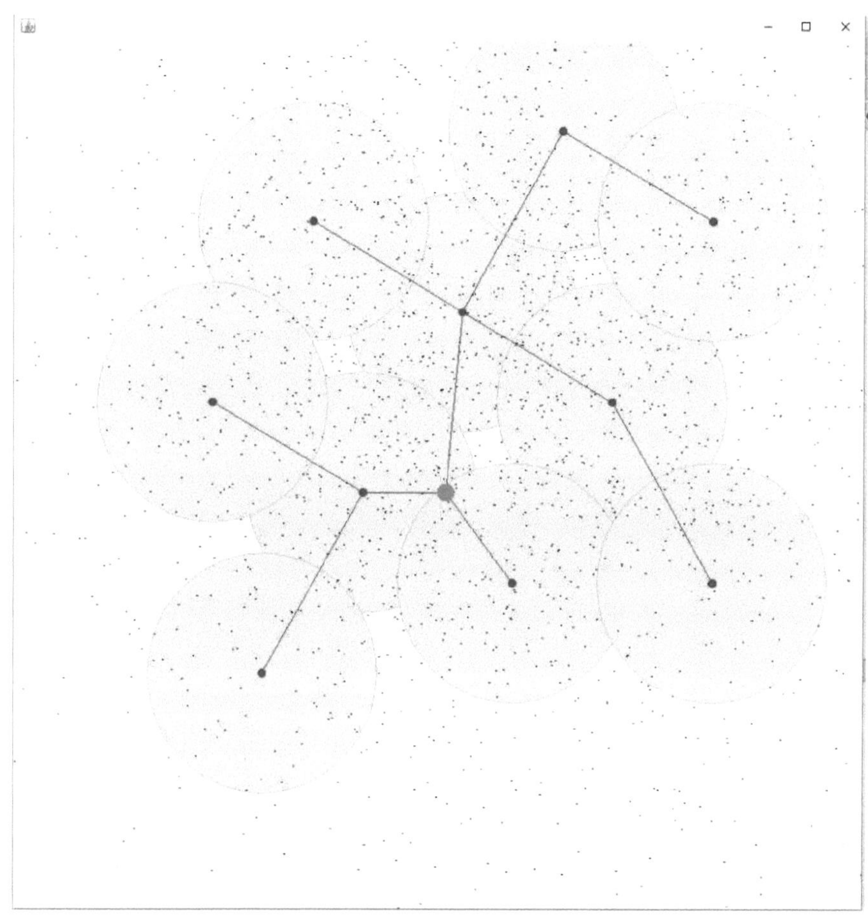

Figura 3.25: Abordagem gulosa num mapa normal com desvio elevado, 1392 serviços

Como pode ver acima, o mapa representa um mapa de população uniforme muito próximo. Como é de esperar de um mapa deste tipo, ambas as abordagens têm exatamente o mesmo desempenho. Com este exemplo, mostrámos que a abordagem gulosa terá normalmente um desempenho tão bom como a abordagem de distribuição se o mapa de população não explorar nenhuma das suas fraquezas. Não esquecer que no último mapa, que era um mapa normal com baixa variância, se o centro estivesse mais próximo do centro, as duas abordagens teriam tido exatamente o mesmo desempenho.

3.3.3.4. Normal com três centros e diferentes desvios

O quarto e último tipo de mapa que iremos analisar será um mapa normal com mais do que um centro e diferentes desvios. Uma amostra de um mapa normal deste tipo e o desempenho da abordagem gulosa e da distribuição são apresentados nas figuras abaixo:

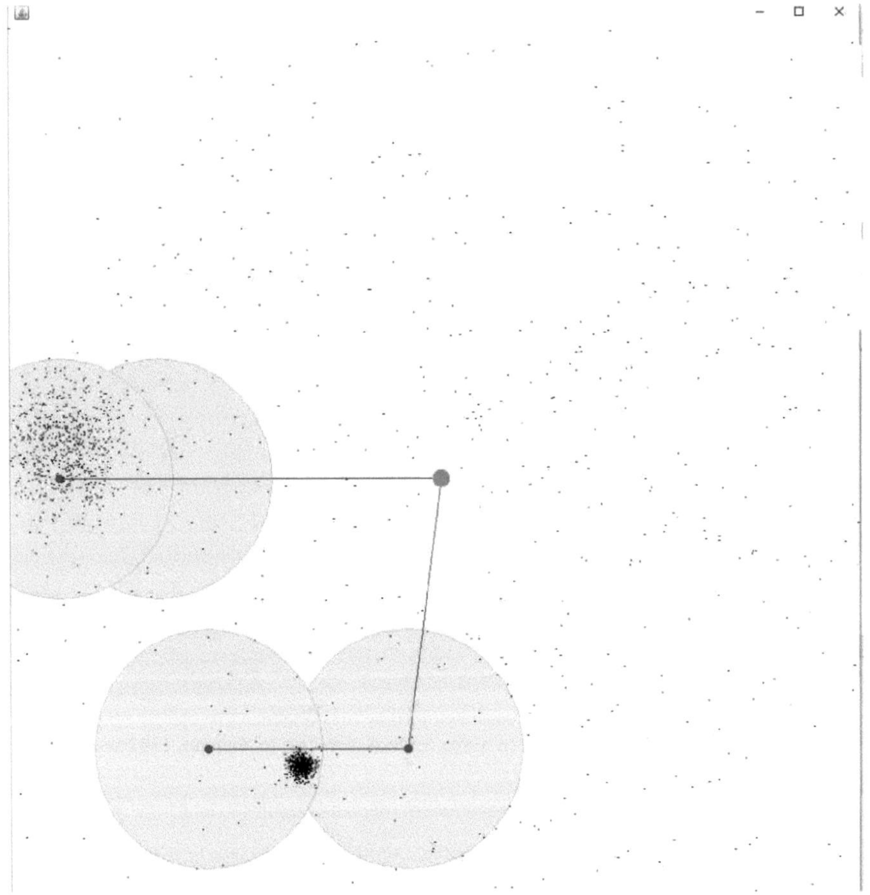

Figura 3.26: Abordagem de distribuição num mapa normal com três centros e desvio baixo, 1576 serviços

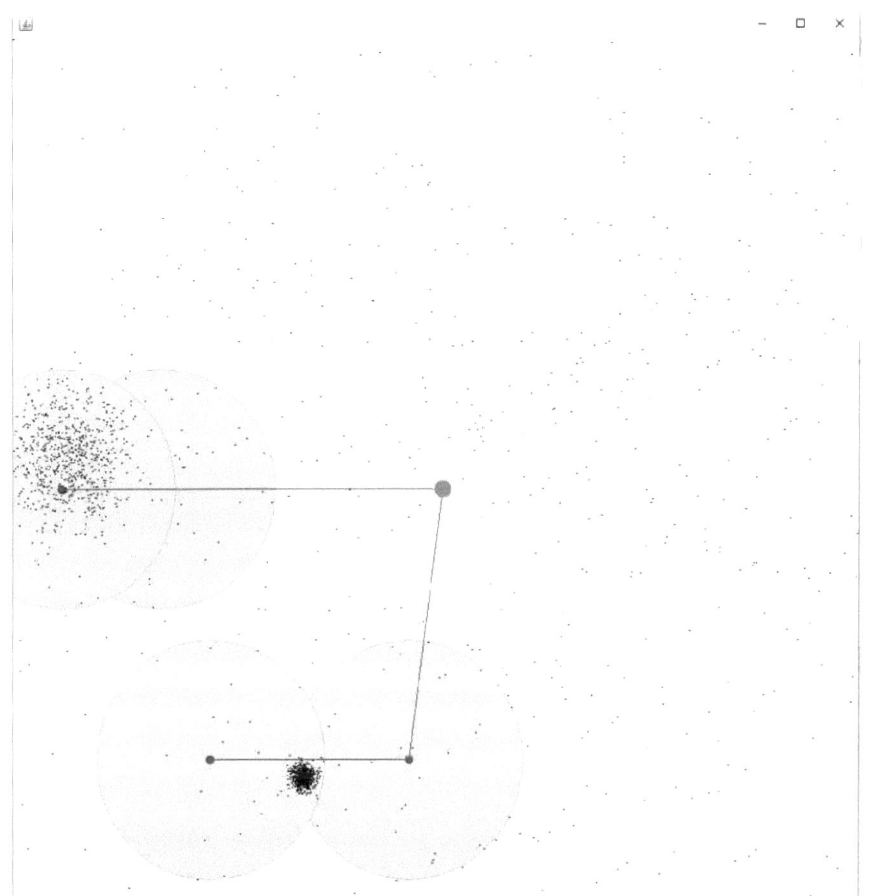

Figura 3.27: Abordagem gulosa num mapa normal com três centros e desvio baixo, 1576 serviços

Neste mapa, ambas as abordagens exploram o centro populacional próximo da estação terrestre de forma idêntica. No entanto, se alterarmos o cenário, deslocando o centro de alta densidade para a esquerda, as abordagens reagiriam de forma muito diferente. Depois de servir o primeiro centro com densidade média, a abordagem gulosa distrai-se com as partes menos valorizadas do mapa e a abordagem de distribuição tenta alcançar o terceiro centro com maior concentração e valor. Isto pode mostrar a diferença entre as abordagens e o seu comportamento. A abordagem gulosa, por natureza, distrai-se facilmente.

3.4. Conclusão

Como vimos nas comparações acima, e explicámos nas próprias abordagens, independentemente do tipo de mapa, se pudermos pagar os cálculos no sistema, é sempre melhor escolher uma abordagem de distribuição. O único cenário possível que justifica a utilização da abordagem gulosa são os cenários em que a capacidade de processamento é muito limitada. Ambas as abordagens têm uma complexidade temporal linear e funcionam num computador pessoal numa questão de segundos. No entanto, se não houver nenhuma unidade de processamento nos UAV e se quisermos que este processo seja rápido e guiado por uma unidade externa, a abordagem gulosa pode ser uma abordagem adequada. A abordagem "look-ahead of K" e, por sua vez, as abordagens de força bruta são simplesmente demasiado complexas para os cenários e limitações que estamos a ter em consideração. Pode haver justificações para estas abordagens se o mapa da população for estático ou se estivermos a planear utilizar a mesma configuração durante longos períodos de tempo, o que raramente é o caso. Esta abordagem produzirá sempre resultados iguais ou melhores do que a abordagem de distribuição, mas o tempo de implementação aumentaria tão drasticamente que não podemos justificar a utilização destas abordagens neste problema. Como vimos na parte de explicação das abordagens, muitas das caraterísticas do mapa são simplesmente inputs para as abordagens, pelo que podemos utilizar a mesma abordagem para um mapa de qualquer tamanho com UAVs de qualquer especificação. As optimizações neste capítulo provêm principalmente do nosso hardware, acessibilidade e UAVs que temos disponíveis e que são adequados para o problema. Não recomendamos a execução de nenhuma destas abordagens em grandes áreas porque, em áreas maiores, a retransmissão de UAVs e a distância ao centro terão uma importância acrescida e muitas das nossas preocupações actuais perderão valor face ao novo problema de retransmissão.

Capítulo 4

4. Reconfiguração e expansão para áreas maiores

4.1. Introdução

Neste capítulo, concentramo-nos na reconfiguração do sistema em resposta a alterações no mapa e na resolução do problema da implantação em áreas maiores. Teremos em conta que a frota de UAV pode ser composta por muitas aeronaves e um número de estações de base para cobrir uma grande área.

1. Alterar as variáveis do problema

    Nesta secção, vamos falar sobre a alteração das variáveis do problema que resolvemos no capítulo anterior. Apresentamos um novo conjunto de variáveis e executamos as abordagens discutidas no capítulo anterior com base nessas variáveis e discutimos os seus resultados. Em seguida, falamos sobre a expansão para uma área maior e se é apropriado alterar apenas as variáveis do problema.

2. Reconfiguração dinâmica:

    Após a primeira utilização, os UAV devem alterar continuamente a sua localização com base em algumas instruções para compensar quaisquer erros no mapa inicial da população ou quaisquer alterações no mapa devido ao movimento dos utilizadores. Começamos por explicar estes dois erros em pormenor. De seguida, explicamos a reconfiguração com base nestes pressupostos. Por último, explicamos os extremos e os limites desta reconfiguração.

3. Estações de base em áreas maiores e frota de UAV:

    Em primeiro lugar, discutimos as estações de base e a forma como podemos utilizar eficientemente o maior número possível de estações de base. Discutiremos as vantagens e dificuldades dos sistemas de estações de base múltiplas e dos silos separados para cada sistema de estações de base. De seguida, discutiremos a atribuição de estações de base. Em seguida, apresentamos uma frota de UAV constituída por vários tipos de UAV e analisamos as vantagens de uma frota deste tipo, se for acessível. Sugerimos então um tipo específico de UAV que beneficia os nossos sistemas.

4. Hierarquia dos subsistemas:

    Nesta secção, analisamos cada sub-sistema com apenas uma estação de base e discutimos a hierarquia e a transferência de dados entre as diferentes camadas e a forma como as colocamos em camadas para melhor se adaptarem às nossas necessidades. As necessidades de retransmissão do sistema serão discutidas e apresentaremos algumas opções de configuração de retransmissão e avaliaremos cada uma delas.

5. Interações entre subsistemas:

No final, discutiremos o movimento do sistema como um todo e a forma como cada subsistema pode atingir outro e como estas interações funcionarão. Passaremos por diferentes exemplos e situações e discutiremos as vantagens e desvantagens de cada resposta às interações.

Nas secções seguintes, descrevemos cada fase acima mencionada em pormenor e fornecemos cenários de exemplo para cada parte, a fim de facilitar a compreensão. Discutiremos o que acontece se os parâmetros do problema mudarem em cada secção que explica esse parâmetro.

4.2. Alterar as variáveis do problema

Uma solução simples para expandir a área que estamos a cobrir seria expandir o número de UAVs e a área de cobertura no problema que resolvemos no capítulo anterior. No entanto, a simples alteração das variáveis pode ter mais do que apenas implicações no tempo de configuração. Se a área de cobertura é proporcionalmente maior do que a pegada dos UAVs e os UAVs têm conexões inter UAVs ainda mais limitadas, o problema principal do UAS muda de convergir para o cenário ideal para resolver problemas de relé. Para demonstrar este aspeto do problema e a forma como as abordagens reagiriam em casos extremos, nesta secção alteramos as variáveis do problema mencionado no capítulo anterior e simulamos a reação das abordagens às novas variáveis.

4.2.1. O novo problema

Para compreender plenamente o impacto das variáveis de uma abordagem, é necessário utilizá-la em cenários extremos. Isto significa que os UAS devem ser submetidos a uma situação de fome, não só em termos do número de UAV, mas também em termos de pegada, capacidade de retransmissão e área de cobertura. Vamos atingir este objetivo alterando os parâmetros que simulámos no capítulo anterior. Nesta secção, e para o novo conjunto de simulações, assumimos que o UAS continua a ser constituído por 10 UAVs, no entanto, o UAS precisa de cobrir uma área de 5 km por 5 km em vez de uma área de 3 km por 3 km. Os novos UAVs têm uma área de cobertura de 100 m de círculo, só podem servir 100 utilizadores de cada vez e podem retransmitir até 300 ligações a outro UAV. Assumimos também que a área contém 5000 utilizadores com a mesma taxa de chamadas discutida no capítulo dois. Como se pode ver, com as novas limitações, o serviço máximo que podemos prestar é de 20% dos utilizadores que solicitam o serviço. Este conjunto de variáveis permitir-nos-á compreender melhor não só as abordagens, mas também como reagiriam em cenários extremos e como a sua expansão para áreas maiores afectaria o seu desempenho . Iremos analisar dois conjuntos de mapas que irão explorar as diferenças das abordagens para aprofundar a nossa compreensão dos seus comportamentos. Os dois mapas que iremos analisar são um mapa uniforme e um mapa normalmente distribuído com três centros e diferentes desvios.

4.2.1.1. O segundo conjunto de variáveis num mapa uniforme

O primeiro que iremos analisar serão os mapas uniformes. Uma amostra de um mapa uniforme e o desempenho da abordagem gulosa e de distribuição com as novas variáveis são apresentados nas figuras abaixo:

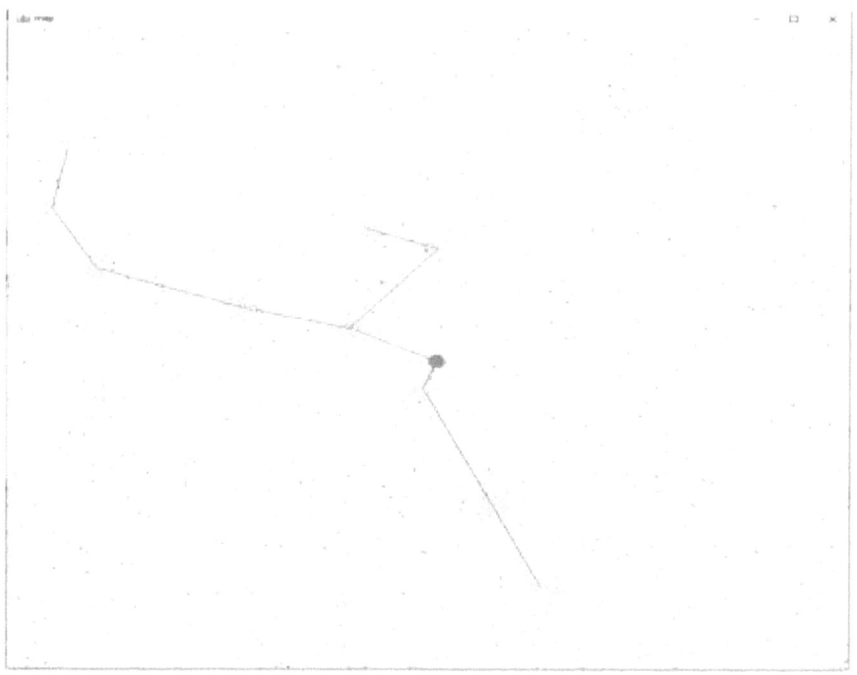

Figura 4.1: Abordagem distribuída num mapa uniforme com as novas variáveis, 359 serviços

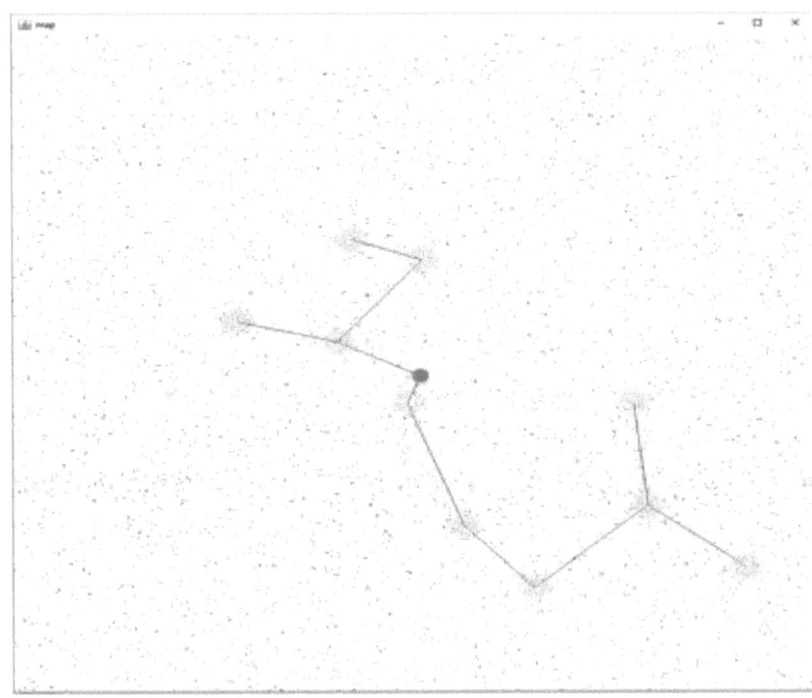

Figura 4.2: Abordagem gulosa num mapa uniforme com as novas variáveis, 352 serviços

4.2.1.2. O segundo conjunto de variáveis num mapa normal

O segundo mapa que iremos analisar será o mapa normal com múltiplos centros e desvios. Os desempenhos da abordagem gulosa e da abordagem de distribuição com as novas variáveis são apresentados nas figuras abaixo:

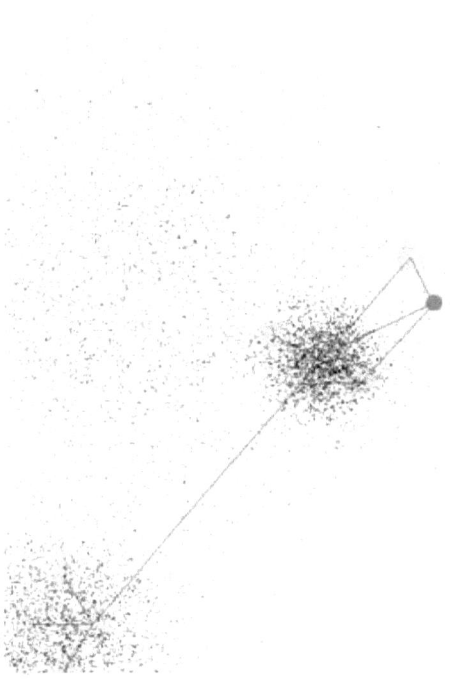

Figura 4.3: Abordagem distribuída num mapa normal com as novas variáveis, 1000 serviços

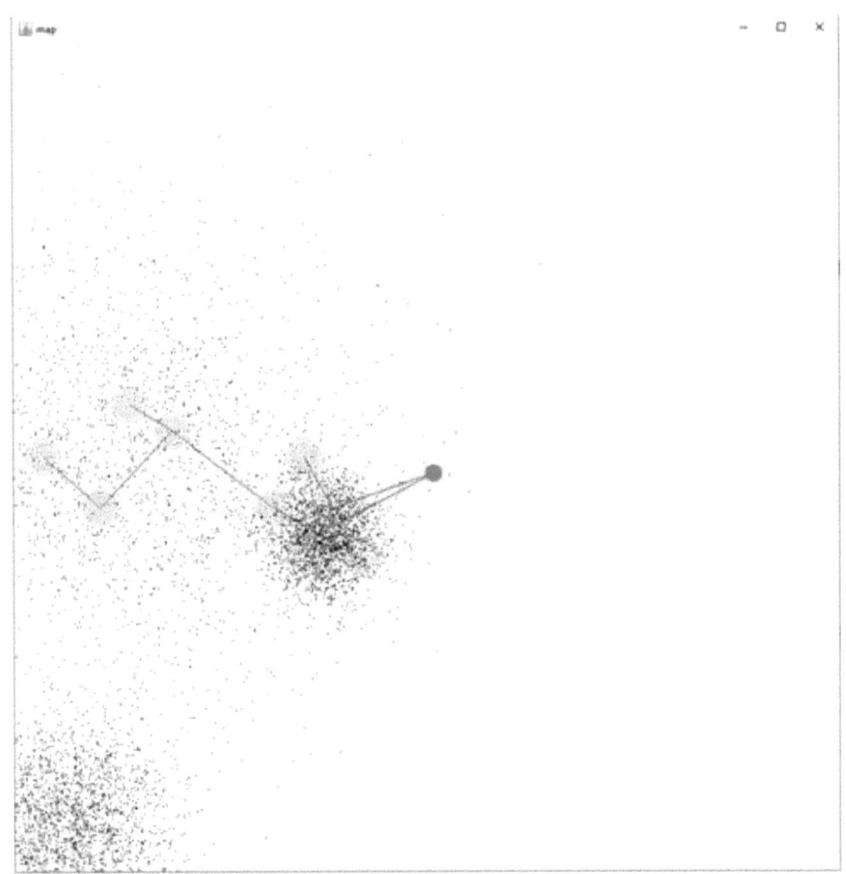

Figura 4.4: Abordagem gulosa num mapa normal com as novas variáveis, 885 serviços

4.2.2. O comportamento das abordagens face a uma área de cobertura maior

Há duas conclusões importantes que podemos tirar das novas simulações. A primeira é que a abordagem de distribuição continua a ter um desempenho superior ao da abordagem gulosa. Isto prova que, à medida que as limitações do problema se tornam mais restritas, a abordagem gulosa distrai-se mais facilmente, no entanto, a abordagem de distribuição continua a gerir a área de forma sensata, olhando para toda a área. No lado negativo da mesma conclusão, a complexidade temporal da abordagem gulosa não está correlacionada com a área de cobertura, mas à medida que a área de cobertura aumenta, a complexidade temporal das abordagens distribuídas aumenta proporcionalmente. Outra conclusão que podemos tirar aqui é que, à medida que a área cresce, se a distância dos centros populacionais permanecer a mesma, a área não terá impacto no desempenho, no entanto, se a distância dos centros à estação terrestre aumentar, o peso dos UAVs retransmissores no UAS terá um grande impacto no desempenho do UAS devido à necessidade de alcançar o mapa de bordas. Isto aumenta cada vez mais o valor das áreas próximas da estação terrestre, o que faz com que os UAS se formem perto da estação terrestre e não atinjam os limites da área de cobertura.

4.3. Reconfiguração dinâmica

Depois de explicar as limitações das abordagens no capítulo três, vamos falar sobre o movimento dos UAVs e o seu impacto no desempenho. Com base nas suposições que fizemos sobre o tipo de UAV que estamos a considerar para este projeto, é provável que os UAVs se movam lentamente (menos de 20 m/s), pelo que a necessidade de recálculo vem da velocidade das pessoas que se movem e a resposta é uma resposta lenta. Além disso, para efeitos deste livro, os UAV têm de ser tolerantes a falhas e, com base nessa tolerância, têm de utilizar um sistema distribuído entre si capaz de recuperar as falhas. Vamos olhar para cada instância do sistema como um cluster de UAVs e as reacções são desenvolvidas e implementadas dentro do cluster. Dividiremos esta secção em recuperação de falhas e recuperação de mapas, o que corresponde às razões de que falámos por ordem. Tenha em mente que, no caso de ambos acontecerem ao mesmo tempo, cada sub-sistema do UAS tentará primeiro resolver o problema da falha e, em seguida, o sistema como um todo responderá à recuperação do mapa.

4.3.1. Recuperação de avarias

Comecemos por falar da recuperação de avarias nos UAS. Se um UAV perder energia ou, devido a problemas técnicos imprevistos, falhar, o parâmetro do sistema altera-se e o UAS tem de responder em conformidade. A deteção desta falha está para além do âmbito deste livro, mas há muita investigação a ser feita sobre o assunto, como por exemplo [37]. Em primeiro lugar, os dados do sistema dentro de cada UAV têm de ser partilhados com os outros UAVs dentro do UAS para maior redundância e recuperação. Partiremos do princípio de que a transferência de dados entre cada UAV segue a mesma regra que a transferência de serviços entre eles, com um limite de 1000 m, e que não será necessária qualquer capacidade de ligação (normalmente, os UAV utilizam um sistema de transmissão diferente para as ligações entre UAS). Com base nestes pressupostos, é seguro dizer que cada UAV tem uma figura de base do UAS (localização dos UAVs e das ligações) que é actualizada com base no limite de ligação entre UAS. Excluímos a falha do nó da estação de base da discussão porque, se o nó da estação de base falhar, não há outro objetivo de comunicação para o sistema UAV. A falha da estação de base pode ser detectada a partir do satélite. E se tivermos mais do que uma estação de base, com base no método hierárquico apresentado nas secções seguintes, os UAVs também precisam de manter dados sobre a localização das outras estações de base. Desta forma, após uma falha, cada UAV pode dirigir-se a um novo cluster e tornar-se parte desse cluster. Como sabemos, cada sistema é capaz de se reconfigurar com o novo número de UAVs, pelo que esta ação não constituirá um problema para o novo sistema. Se não for esse o caso, é possível que queiramos ter uma parte codificada no sistema que será invocada se tal caso surgir. Esta função orientará os UAV para aterrarem após a deteção de uma determinada circunstância ou para tomarem outras medidas adequadas.

Se um UAV falhar, há duas situações possíveis: o UAV falhado é uma folha ou não. No entanto, se o UAV não for uma folha, as ligações de outros UAVs podem ser interrompidas (se não houver outro UAV com o qual se possam ligar) ou a interconexão entre alguns UAVs pode ficar sobrecarregada. Nestes casos, a parte mais importante é chegar a uma situação estável e funcional com base na informação que temos disponível sobre o estado atual do sistema. Explicamos isto através de um exemplo de falha na figura 4.5. Suponhamos que o UAV um no sistema mostrado abaixo falha. Agora, a ligação de todos os UAVs do lado esquerdo do sistema falha. Nesta situação, podemos resolver o problema de diferentes formas. Já falámos sobre o caso em que uma folha falha (uma folha é um UAV sem função de retransmissão no UAS). Outro caso pode ser quando um UAV falha mas outras partes do sistema continuam ligadas e não há divisão em sub-sistemas isolados em resultado da falha. Nessas situações, se o sistema ainda estiver a funcionar corretamente sem qualquer excesso, podemos manter a configuração até à próxima iteração de reconfiguração. Caso contrário, o sistema está a falhar devido ao facto de algum UAV ter ficado sobrepovoado com ligações de retransmissão. Há duas maneiras diferentes de abordar a reconfiguração. Se a sobrecarga da reconfiguração for pequena e se a reconfiguração ocorrer a cada poucos minutos, podemos iniciar uma reconfiguração e isso corrigirá o sistema. No entanto, podemos estar a instalar UAVs com base numa abordagem de força bruta e o custo da reconfiguração pode ser tão elevado que preferimos não iniciar uma reconfiguração. O que sugerimos nesta situação é que, quando um UAV falha, cada nó percorra a última configuração da localização do sistema que registou UAV a UAV a partir da estação de base em direção ao UAV que falhou e depois disso até chegar à folha que menos serviços presta. Para o efeito, podemos considerar o UAS como uma construção em árvore, como se mostra na figura 4.5. Em cada nível após o UAV que falhou, o UAS verifica se existe apenas um ramo do UAV anterior ou mais. Se houver apenas um, esse nó começa a mover-se para alcançar a posição do UAV que falhou, caso contrário, entre todos os ramos, move-se o UAV que pertence ao ramo que está a fornecer menos serviços e continua-se a fazer isto até chegar à folha. No exemplo abaixo, após a falha do UAV um, cada nó recalculará o UAS da seguinte forma. Primeiro, o UAV 3 e o UAV 4 vão ver qual deles fornece menos serviços no seu ramo, que será o UAV 4. Em seguida, o UAV 4 desloca-se para alcançar a posição do UAV um antes da falha. O passo seguinte seria determinar qual o ramo que fornece mais serviço entre os UAV 7, 8 e 3. No caso do UAV 3, contamos o serviço que presta longe da estação de base, pelo que os valores serão 80, 100 e 400. Com base nestes valores, deslocaremos o UAV 7 em direção à posição do UAV 4 e. Aqui chegámos a uma folha ao alcançar o UAV 7, pelo que os UAVs sabem agora onde e se precisam de se deslocar e, depois de alcançarem essas posições, a nova configuração será uma configuração viável.

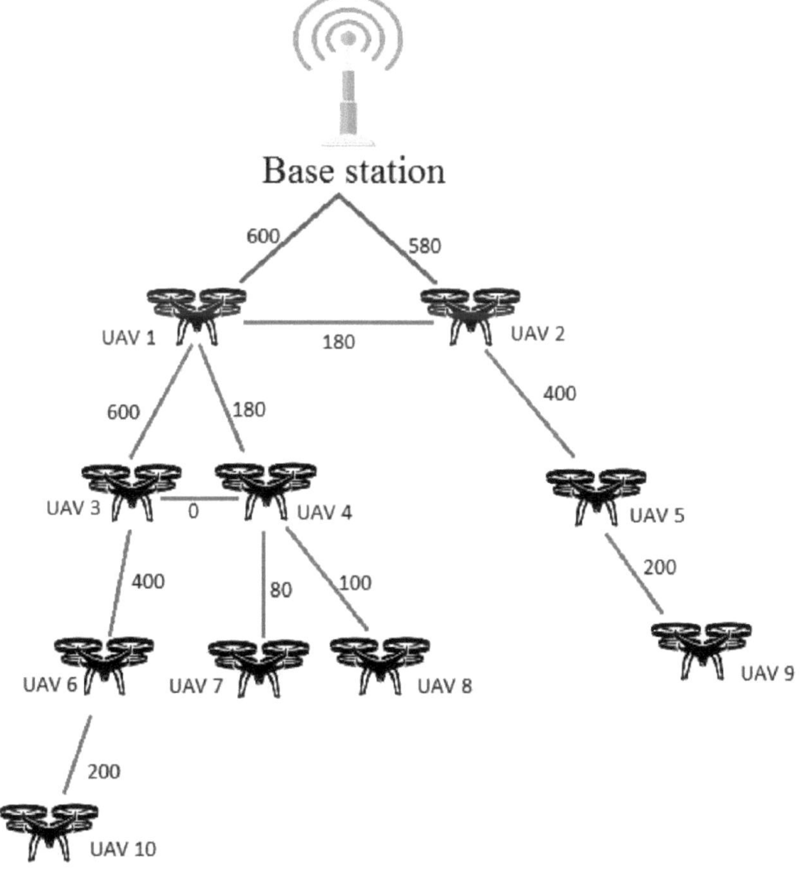

Figura 4.5: Um exemplo de recuperação de falhas no UAS

Por vezes, antes de o UAV atingir a posição que lhe foi atribuída na recuperação da falha, a ligação inter-UAV fica disponível, dependendo da distância entre os UAVs. Se tal acontecer, decidimos posicionar o UAV com base nos serviços que este estava a prestar antes de a falha e nos pedidos de serviço ao longo do percurso de deslocação do UAV. Para tal, basta deslocar o UAV depois de ter um sistema a funcionar até obter uma cobertura melhor do que a posição anterior ou até atingir a posição final. Outro caso é o de não existirem folhas no sistema. Nesse caso, o sistema é, pelo menos parcialmente, um ciclo. Em seguida, verificamos qual o UAV que não é essencial para os retransmissores (existe sempre um nó desse tipo) que está a prestar menos serviço e iniciamos outra abordagem semelhante à mencionada acima para trocar esse UAV pelo UAV que falhou.

O último cenário possível seria o facto de o UAV que falhou ser o único nó que ligava dois ou mais subsistemas, cada um com pelo menos um UAV. Nesse caso, temos de decidir se queremos deslocar um UAV ou se queremos reconfigurar todo o sistema. Esta decisão depende principalmente do ambiente do sistema, da taxa de alteração do sistema e de outros factores sistemáticos. Deixamos esta decisão para o projetista do sistema, mas como sugestão, se o tempo de reconfiguração for baixo, a taxa de mudança for baixa, tivermos mais do que apenas dois subsistemas e não houver mais restrições, é óbvio que é mais vantajoso desencadear uma reconfiguração. No entanto, se decidirmos deslocar um UAV, cada subsistema deve ter conhecimento do desempenho e das posições dos outros subsistemas. Calculamos então o UAV menos vantajoso em todos os subsistemas. Em seguida, nesse subsistema com o UAV escolhido, deslocamos todos os UAVs. O UAV mais próximo da posição do UAV que falhou, o UAV menos útil e todos os UAVs intermédios serão deslocados.

4.3.2. Reconfiguração de mapas

Agora que falámos de falhas e de diferentes cenários de implementação com base no nosso ambiente, podemos concentrar a nossa atenção nas alterações do mapa da população. A necessidade de reconfiguração do sistema advém da natureza dinâmica de muitos ambientes. Os utilizadores podem deslocar-se, as prioridades podem mudar ou até o próprio sistema pode sofrer alterações, como a adição de UAVs. Para falar da reconfiguração do sistema, precisamos de dados mais específicos sobre as alterações que podem ocorrer. Podemos partir do princípio de que o atributo físico do sistema só mudará em função do número de UAVs disponíveis. Podemos ainda assumir que as pessoas estarão a mover-se a uma velocidade máxima de 5Km/h. Uma das informações mais importantes que nos ajudará durante esta reconfiguração seria ter algum conhecimento comportamental conhecido sobre os hábitos de movimento dos utilizadores ou utilizar uma abordagem de aprendizagem para prever esses hábitos. Há muitas publicações que ultrapassam este desafio, mas, por uma questão de generalidade, podemos assumir que não dispomos de tais informações e que as nossas limitações físicas e de processamento não permitem essa abordagem de aprendizagem. As vantagens dessa informação são evidentes, mas não se enquadram no âmbito deste livro. Num mapa populacional dinâmico, a população das secções que são servidas por UAVs muda e só temos um conhecimento limitado do resto do mapa. Este conhecimento seria obtido a partir do mapa de população original e das partes do mapa que estão a ser servidas por UAVs. A primeira coisa a notar é que, a qualquer momento, o sistema tem apenas um mapa da população, que é o mapa original da população com as correcções periódicas feitas pelos UAV e, como tal, o sistema tem menos memória. Neste momento, conhecemos o mapa da população em círculo com 400 m de diâmetro à volta de cada UAV, sabemos a direção e a velocidade de cada indivíduo que sai do local de serviço e conhecemos o mapa original da população. Devido à baixa velocidade dos humanos em comparação com a dos UAV e à necessidade de digitalizar um mapa em constante mudança, dividimos a reconfiguração em iterações periódicas discretas. O input seria então mapas periódicos de população estática em cada iteração, para os quais temos de nos ajustar para prestar serviço. Além disso, como dissemos antes, partimos do princípio de que o sistema não pode processar a informação em tempo real e precisará deste período de tempo para conceber e implementar a nova configuração. Basicamente, o sistema decide as alterações necessárias num período com base no mapa da população desse período e, no período seguinte, o UAS está na nova posição, embora tenhamos o novo mapa da população para responder. Vamos agora oferecer três métodos de reconfiguração diferentes e discutir cada um deles separadamente. Não esquecer que podemos utilizar todos estes métodos em simultâneo, consoante a aplicação e os comportamentos ambientais do problema.

4.3.2.1. Método de distribuição

Falámos do método de distribuição no capítulo três para a primeira implementação. Aqui vamos aplicar o mesmo método para a reconfiguração. O primeiro obstáculo que enfrentamos é o facto de o mapa da população estar desatualizado. No capítulo 3, baseámos o método de distribuição no scanning da área e num mapa bastante atualizado. Se o sistema tiver UAVs afectos ao varrimento, podemos refazer o método de distribuição com base em cada mapa populacional atualizado. Devido à baixa velocidade dos peões em comparação com os UAVs, podemos concluir que o sistema estará sempre próximo do ideal. Por exemplo, se for feito um scan a cada 15 minutos, o sistema pode reconfigurar-se com base no mapa populacional atualizado. No período entre este scan e o seguinte, o mais provável é que os peões ainda se encontrem nas mesmas imediações e possam ser atendidos pelo UAV atribuído ao local específico. É claro que este método nunca alcançará a configuração ideal porque, mesmo que a taxa de varrimento seja elevada, o tempo de reconfiguração do sistema, que é o tempo que os UAS demoram a determinar as novas localizações e os UAV a deslocarem-se para as novas posições, alterará o mapa da população. No entanto, devido à baixa velocidade dos utilizadores, podemos assumir que este método estará sempre próximo do ideal, com a distorção proveniente do movimento dos utilizadores no tempo de varrimento e no tempo de reconfiguração do sistema. Também podemos aplicar este conceito sem varrimento. Inicialmente, temos um mapa da população . Podemos atualizar o mapa com base nas pegadas dos UAV e escolher uma nova configuração com base no mapa atualizado. Este método incorpora a exploração e a reconfiguração num movimento cíclico. Após a primeira utilização, mantemos a posição do serviço mais solicitado sem um UAV atribuído no sistema. Continuamos a recalcular esta posição com base nas pegadas dos UAVs à medida que se deslocam. Além disso, mantemos o número de serviços que cada UAV está a fornecer no sistema. Depois de perdermos utilizadores suficientes no sistema que justifiquem a configuração seguinte com base no mapa da população atual, podemos reconfigurar o sistema para a nova posição. É evidente que esta abordagem não garante a convergência para o cenário ideal. Eis um exemplo de como este sistema não consegue atualizar-se. Suponhamos que, após a primeira colocação em funcionamento, todos os utilizadores da zona se deslocam para um determinado ponto da zona. Passado algum tempo, o sistema reconfigura-se, mas se o centro da população não estiver na área de cobertura da nova configuração ou se nenhum dos UAVs se deslocar, perdemos completamente de vista o comportamento da população. O erro do mapa da população nestes cenários é tão elevado que não podemos efetuar qualquer movimento significativo. Eventualmente, o UAS alcançará o centro, no entanto, como o centro também pode estar a mover-se, podemos perder a cobertura de todos os utilizadores e não recuperar nenhuma. Embora estes cenários sejam altamente improváveis, para garantir que estas situações não aconteçam, podemos dividir os UAVs em funções de cobertura e de varrimento. Desta forma, podemos ter sempre um mapa da população com uma taxa de atualização mais baixa. Dependendo da varredura, ainda podemos enfrentar o mesmo problema, mas a probabilidade desse problema é menor. O aspeto positivo deste método é a sua complexidade temporal. Como discutimos no capítulo 3, a complexidade do cálculo da configuração do UAV com base no método de distribuição é linear. Por outras palavras, o tempo necessário para a reconfiguração do sistema é baixo. Assim, a capacidade de reação do sistema é elevada, o que é útil quando se enfrenta determinados cenários. Este método é adequado para ambientes com baixa dinâmica. Neste caso, definimos baixa dinamicidade como sendo a velocidade de mudança no mapa da população muito inferior à velocidade dos UAVs e à taxa de reconfiguração.

4.3.2.2. Teoria dos jogos cooperativos

Comecemos por definir a teoria dos jogos. A teoria dos jogos é o estudo do conflito e da cooperação numa situação de concorrência [38]. Em alguns aspectos, a teoria dos jogos é a ciência da estratégia ou, pelo menos, a tomada de decisões óptimas por parte de actores independentes e concorrentes num contexto estratégico. Nos últimos anos, a teoria dos jogos tem sido aplicada a muitos problemas, desde a economia e a biologia até aos problemas de comunicação. Em qualquer caso, um jogo é composto por três elementos:

- Um conjunto de jogadores que são actores do problema
- Um conjunto de acções para cada jogador que são todas as acções possíveis que o ator pode fazer
- Um conjunto de compensações que é o benefício para cada ação de cada jogador

Os jogos podem ser divididos em duas categorias principais com base na comunicação entre os jogadores [39]:

1. Jogos cooperativos:

   Neste conjunto de jogos, abstraímos das estratégias individuais dos jogadores e concentramo-nos nas coligações que os jogadores podem formar. Partimos do princípio de que cada coligação pode obter alguns resultados que podem distribuir entre si e, em seguida, tentamos prever quais as coligações que se formarão e os resultados obtidos pelas coligações. Nos jogos cooperativos, os jogadores podem coordenar as suas estratégias e partilhar os ganhos.

2. jogos não cooperativos:

   Neste conjunto de jogos, centramo-nos na estratégia do jogador individual em vez das coligações. Cada jogador obtém um ganho através da sua própria ação e, em seguida, tentamos prever qual a ação que cada jogador irá tomar. Nos jogos não cooperativos, os jogadores não podem coordenar as suas estratégias e partilhar os ganhos; em vez disso, cada um tomará a melhor ação sem ter em conta a situação dos outros jogadores.

Depois de compreender a teoria dos jogos e as duas categorias gerais da teoria dos jogos, precisamos agora de conhecer a definição de equilíbrio de Nash. O equilíbrio de Nash é um conjunto de acções que os nossos jogadores tomam com a propriedade de que nenhum jogador pode ganhar mais benefícios escolhendo uma ação diferente do conjunto, dado que todos os outros jogadores fizeram a ação no conjunto [40]. Há dois aspectos importantes do equilíbrio de Nash que devemos ter em conta. Primeiro, se sempre que o jogo é jogado, o conjunto de acções é o mesmo que o equilíbrio de Nash, então nenhum jogador tem razão para escolher uma ação diferente da componente do conjunto; não há pressão para que o conjunto mude. O segundo aspeto da teoria do equilíbrio de Nash é que as crenças dos jogadores sobre as acções uns dos outros estão corretas. Isto implica, em particular, que as crenças de dois jogadores sobre a ação de um terceiro jogador são as mesmas. Por esta razão, diz-se por vezes que a condição é que as "expectativas dos jogadores sejam coordenadas". Na teoria dos jogos, a melhor ação para um determinado jogador depende das acções dos outros jogadores. Assim, ao escolher uma ação, um jogador deve ter em mente as acções que os outros jogadores irão escolher. Ou seja, o jogador deve formar uma crença sobre as acções dos outros jogadores.

Agora que falámos sobre a teoria dos jogos, vamos aplicar estes princípios ao nosso problema. Podemos olhar para cada instância do mapa da população como um jogo. Os jogadores seriam os UAVs que prestam serviço. Lembre-se de que outros UAVs com funções diferentes não farão parte do jogo. As acções que cada UAV pode realizar são a posição em que pode ser colocado, e a recompensa para cada uma destas acções seria o número de serviços prestados pelos UAVs. Como pode ver, como o nosso mapa está em constante mudança, precisamos de incorporar a dinâmica do mapa no jogo. Podemos fazê-lo, abordando o jogo de forma diferente. Primeiro, podemos olhar para o mapa em períodos de tempo discretos. Cada um destes períodos de tempo corresponde a uma ação para cada um dos jogadores. Isto resultará num jogo contínuo. A recompensa das acções também muda em cada período, o que incorpora a dinâmica do mapa no jogo. Suponha-se que o primeiro jogador é o primeiro UAV a ser lançado. O conjunto de acções neste caso não é constituído por todas as posições possíveis que digitalizámos a partir do mapa, mas pelas posições dentro da proximidade de 1 km da estação de base e assim por diante. Se não tivéssemos as limitações da ligação de um quilómetro entre os UAVs e a estação de base, o sistema escolheria racionalmente a melhor posição possível no mapa em cada ação. Isto resultará no equilíbrio de Nash do mapa, que é a configuração ideal. Este resultado é obtido quando assumimos que os UAVs podem viajar pelo mapa instantaneamente ou a alta velocidade e têm um conhecimento completo do mapa. No entanto, com as limitações existentes, a tomada de decisões lógicas resultaria na mesma configuração que a abordagem gulosa. O principal conceito que temos de enfrentar aqui é como ajustar o jogo para olhar para todo o mapa. Se o sistema dispuser de capacidades de exploração, esta tarefa traduzir-se-á na alteração dos parâmetros do jogo de modo a considerar todo o mapa para tomar qualquer decisão. Vamos primeiro resolver este problema antes de passarmos à outra possibilidade. Após cada varrimento do mapa da população, o jogo consiste em determinar a nova configuração do sistema. Os jogadores seriam os UAVs, os movimentos seriam todas as localizações possíveis do mapa que suportam as nossas limitações e o prémio seria o número de utilizadores servidos. Devido à limitação da distância de ligação e do retransmissor, não podemos olhar para este problema de uma forma não cooperativa. Se o fizermos, os resultados terão os mesmos problemas que a abordagem gulosa que explicámos no capítulo três. No entanto, se encararmos este problema como um jogo cooperativo, as coligações são capazes de alcançar as extremidades do mapa, pelo que o sistema conseguirá atingir a configuração ideal. Esta é uma abordagem diferente do problema, que terá uma complexidade temporal comparável à abordagem de força bruta, explicada no capítulo três. A vantagem desta abordagem é a facilidade de implementação e as variáveis dinâmicas baseadas nas limitações. Como referimos no capítulo 3, esta complexidade temporal pode não ser desejável para muitos cenários. Para estes cenários, podemos transformar o jogo ainda mais para atingir uma complexidade temporal linear. Fazemo-lo acrescentando algumas regras ao jogo. O primeiro jogador escolherá uma localização, normalmente onde quiser, no mapa. Se a localização do jogador um for consistente com as nossas limitações, o jogador consequente escolherá da mesma forma. Caso contrário, o jogador consequente verá quais as limitações que o jogador não está a seguir. Se for a limitação do número de ligações, o jogador escolherá entre as localizações que também lhe fornecerão ligações adicionais. Se for a limitação da distância, calculamos duas linhas entre o jogador um e a estação de base. A primeira linha é a linha reta entre o jogador um e a estação de base. A segunda linha é uma curva entre as duas onde a posição de todos os jogadores está exatamente a 1 km da anterior. A curva com 7 jogadores e a linha reta com três UAVs são mostradas na figura abaixo.

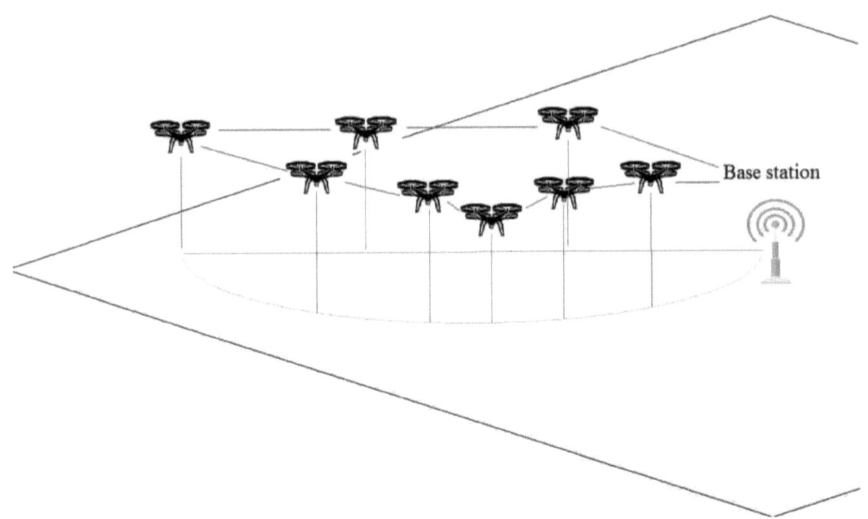

Figura 4.6: Conceito de teoria dos jogos cooperativos com complexidade temporal linear para reconfiguração

O significado da área é que podemos escolher quaisquer linhas ou curvas que liguem o jogador e a estação de base com curvatura inferior à curvatura da curva e ainda ter ligação no UAV no final da linha. Depois, digitalizamos estas curvas. Há muitos métodos para digitalizar esta área, mas dividir a área em 200 curvas e uma linha reta é aceitável para este mapa. De seguida, calculamos o número máximo de serviços que podemos prestar em cada uma destas linhas. Isto requer uma digitalização adicional de cada linha. Podemos dividir estas linhas em 100m e obter uma resolução mais do que aceitável. Para cada linha, é necessário um número mínimo de UAVs que possam fornecer a ligação ao UAV final. O número máximo a utilizar para a linha seria o número de UAVs disponíveis no sistema nesse momento. Para cada linha, calculamos o número mais elevado de utilizadores atendidos em relação ao número de UAVs utilizados e atribuímos esse número à curva. De seguida, escolhemos a curva que vamos utilizar com base nesse número. Continuamos a fazer isto até não restarem mais UAVs. Dois conceitos a ter em conta aqui é que, após a primeira iteração, calculamos as curvaturas com base no novo jogador e no UAV ou estação de base mais próximo dele. Além disso, se não tivermos UAVs suficientes para nos comprometermos com um determinado ponto, o que significa que a linha reta entre a localização e o UAV ou estação de base mais próxima é maior do que o número de UAVs restantes, a localização é inaceitável. Como deve ter reparado, esta abordagem está próxima da abordagem distribuída, no entanto, acrescentámos condições adicionais e mais descobertas. Isto foi possível graças aos conceitos de teoria dos jogos cooperativos que utilizámos. Até agora, falámos sobre o problema quando temos capacidades de exploração no UAS e explicámos um jogo cooperativo para a reconfiguração. Na próxima secção, aprofundaremos este conceito removendo a restrição da capacidade de exploração e introduziremos um jogo cooperativo alargado para este problema.

4.3.2.3. Teoria alargada dos jogos cooperativos

Como foi referido na secção anterior, a conceção introduzida só é viável quando atribuímos UAVs específicos para o scanning. Em muitos casos, o UAS pode não ter UAVs com capacidades de varrimento e os UAVs que fornecem o serviço podem não ser uma opção viável para efeitos de varrimento. Nestas situações, continuamos a precisar de reconfigurar o sistema e não queremos perder tempo a fazer o scanning como fizemos no capítulo três. Aqui vamos resolver este problema através de uma teoria dos jogos baseada em máximos locais. Vamos explicar a abordagem. A primeira alteração consiste em limitar a distância aceitável entre dois UAV. Por exemplo, se tivermos um quilómetro de distância aceitável, colocamos os UAVs para a primeira colocação com base nos 900 metros de distância aceitável. Agora, cada UAV pode mover-se pelo menos 100 m sem quebrar o sistema. Agora, os UAVs, começando pelo UAV mais próximo da estação de base, deslocam-se no ambiente que lhes está próximo. O segundo UAV terá mais espaço para fazer o scan relativamente ao primeiro UAV, porque podemos empurrar o primeiro nó para mais perto da posição do segundo UAV. À medida que avançamos no sistema, conseguimos mais espaço para fazer o scan da área. Depois de alcançarmos todos os UAVs, fazemos uma abordagem inversa. Desta vez, os UAVs finais aproximar-se-ão da estação de base e assim sucessivamente. Para alguns UAVs, este movimento pode ser limitado devido à ligação a vários UAVs em direcções opostas. Na figura 4.7, mostramos um exemplo deste movimento com três UAVs. Como se pode ver, o primeiro UAV vai analisar a área à sua volta, mostrada com a seta cor de laranja, e depois avança em direção ao segundo UAV. Em seguida, o segundo UAV procura a área à sua volta, no entanto, esta área será mais em direção ao terceiro UAV, porque o terceiro UAV está parado. Por fim, chegamos ao terceiro UAV e este UAV pode fazer um scan numa área ainda maior. Em seguida, invertemos o mesmo movimento em direção ao primeiro UAV, de modo a que o primeiro UAV possa analisar a área ainda mais.

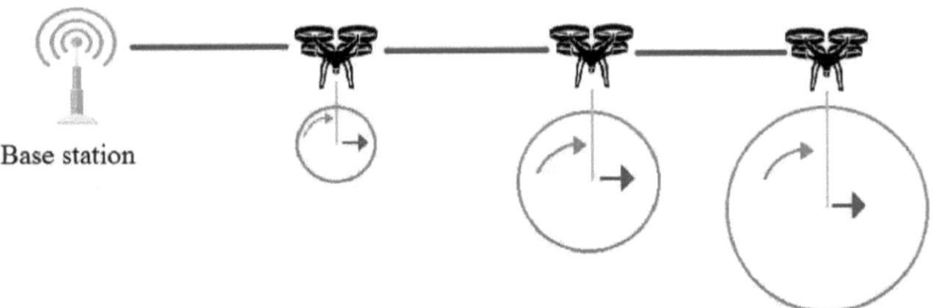

Figura 4.7: Movimento de deteção na abordagem alargada da teoria dos jogos para a reconfiguração

Este movimento destina-se a dar uma visão local da posição do UAS e a indicar os movimentos. Depois de executar esta abordagem uma vez, os UAS, enquanto coligação, decidem uma nova posição local para cada UAV. Como já foi referido, a velocidade dos UAV é muito superior à velocidade do mapa. Isto significa que, se o mapa estiver a convergir para uma determinada posição, podemos detetar a direção dos centros populacionais e deslocar-nos com os utilizadores. É claro que isto depende da elevada velocidade de resposta dos UAV e do tempo de reconfiguração. Esta abordagem pode não ser adequada para muitas situações, tais como qualquer situação em que a configuração do UAS seja complicada e os UAV tenham muitas ligações entre si. Nessas situações, a melhor e única opção é incorporar UAVs de varrimento no nosso UAS. Se o comportamento da população na área de cobertura do UAS após cada iteração da abordagem não for significativamente diferente do comportamento das outras partes do mapa, esta abordagem resultará numa cobertura aceitável. Há muitos casos em que esta abordagem não dará um desempenho aceitável, especialmente em grandes áreas com um grande número de UAVs. No entanto, tendo em conta a situação que explicámos nesta secção, esta é uma das abordagens com melhor desempenho em termos de resposta comportamental ao mapa. Agora que falámos de reconfiguração e vimos o resultado das abordagens de implantação em áreas maiores, é evidente a necessidade de mais de uma estação de base e de um maior número de UAV. A partir daqui, passamos ao problema da configuração do sistema com várias estações de base e um grande número de UAVs.

4.4. Estações de base e frota de UAV de vários tipos

4.4.1. Estações de base

Existem muitos tipos de estações de base, tal como referido no capítulo dois. Alguns tipos de estações de base podem ser mais adequados a cenários específicos do que outros. O cenário que estamos a enfrentar não só dita a estação de base mais adequada, como também a mobilidade e a disponibilidade dessas estações de base faz parte do problema. Um exemplo simples da dependência da estação de base em relação ao tipo de desastre pode ser uma cidade inundada. Como sabem, não podemos instalar uma estação de base terrestre em zonas inundadas e o terreno elevado para as instalar pode ser escasso. Outro problema será a deslocação da estação terrestre para essa zona específica. Quando olhamos para toda a área que precisamos de cobrir, temos de determinar quantas estações terrestres podemos pagar e como distribuir esse número. É evidente que quanto mais estações terrenas tivermos, melhor poderemos conceber uma solução. Por sua vez, esta decisão dependerá de muitos factores: a acessibilidade de diferentes partes da área, a população e a concentração de pessoas nessa área, a prioridade do serviço entre essas pessoas e, mais importante, o nosso número de estações de base. Nesta secção, falaremos primeiro sobre como distribuir o número de estações base que temos e, embora seja sempre melhor ter mais estações base, daremos recomendações sobre quantas estações base são essenciais. Em seguida, falaremos da configuração do sistema com determinadas estações de base e da forma como distribuímos os UAV e configuramos cada sub-sistema separado. Em seguida, falaremos sobre as vantagens e desvantagens de ter uma configuração em silo versus ter um sistema composto por vários subsistemas.

4.4.1.1. Distribuição

O fator mais importante na distribuição das estações de base é a informação de que dispomos sobre a área. Existem dois cenários possíveis no que respeita à informação sobre a área de implantação: ou temos alguma informação ou não temos qualquer informação sobre a área. No caso de não termos qualquer informação sobre a área e de não existir uma forma fácil de obter essa informação, não podemos fazer qualquer otimização relativamente à posição das estações de base. Nesses casos, recomendamos que as estações base sejam distribuídas uniformemente por toda a área e, mais tarde, com base nas informações recolhidas, se possível, sejam deslocadas para locais melhores. No caso de termos alguma informação, o nível de informação e a exatidão dessa informação tornam-se importantes. Existem diferentes informações que nos podem ajudar nesta tarefa. Podemos apenas conhecer a disposição da área, mas mesmo essa informação pode orientar a nossa atuação. Se soubermos que a zona é uma cidade e que o tempo de implantação é durante as horas de trabalho, podemos calcular a probabilidade relativa da presença de peões e dar muito mais prioridade aos blocos de escritórios. No entanto, a informação mais exacta de que podemos dispor é um mapa populacional preciso e recente da área e dos locais onde podemos instalar uma estação terrestre, que pode ser obtido através de um simples mapeamento de toda a área por um drone de varrimento de alta velocidade. É este o caso que vamos discutir aqui. Embora não seja geral que este seja o único caso, podemos conceber um plano de solução. Para resolver este problema, começamos por digitalizar todo o mapa. Podemos usar a mesma digitalização usada no capítulo três para uma pequena área . Para uma estação de base, o diâmetro dos hexágonos não precisa de ser tão pequeno. Uma boa digitalização seria calcular a média do número de UAVs sobre o número de estações base e usar esse número multiplicado pelo diâmetro de visibilidade de cada UAV como base e, em seguida, usá-lo como o limite superior para o comprimento. Por exemplo, no exemplo do capítulo três, temos 10 UAV multiplicados por 400 m de diâmetro de visibilidade, o que equivale a quatro quilómetros. Devemos ter um diâmetro inferior a quatro quilómetros e superior a 400 metros. Depois de digitalizar o mapa, eliminamos os locais onde não podemos instalar as estações de base e avaliamos a população contida em cada hexágono. De seguida, olhamos para os hexágonos adjacentes e adicionamos a sua população com menor prioridade. A prioridade resulta da distância e do número de UAVs que serão necessários para prestar serviço a qualquer pessoa nessa área. Esta prioridade depende da distância a que dois UAVs se podem ligar um ao outro e, como tal, um bom diâmetro para os hexágonos seria de 1 km. Continuamos com este processo para o maior número possível de níveis de adjacência e escolhemos as posições mais valiosas. Outra abordagem seria tentar determinar os centros de concentração utilizando qualquer número de abordagens de regressão. Este é o método mais trabalhoso, mas preciso. Depois de encontrar esses centros de concentração, podemos priorizá-los por população em relação à variância e atribuir estações base a eles com base nessa prioridade. Outra vantagem de ter esses centros de concentração é que podemos assumir que, após atribuir uma estação base a todos eles, não haverá necessidade de mais estações base. Como já deve ter reparado, esta abordagem não funciona num mapa uniformemente distribuído. Nesse caso, podemos atribuir uma estação base a cada hexágono, mas isso exigiria muitas estações base. Neste caso, sugerimos que se divida a área em partes mais pequenas, como a mencionada no capítulo três, e que se dê prioridade à população, atribuindo depois tantas estações base quantas as necessárias às sub-secções.

4.4.1.2. Configuração das estações de base

Agora que temos a posição das estações de base disponíveis, precisamos de atribuir os UAVs de que dispomos a cada subsistema. Se não houver limitação de procedimentos nesta fase, podemos alargar a metodologia distribuída descrita no capítulo três a este problema. Começamos por dividir a área em áreas mais pequenas, cada uma com uma estação de base no centro. A forma destas áreas não afectará a abordagem. Em seguida, calculamos o valor da distribuição, conforme mencionado no capítulo três, para todas as estações base. De seguida, atribuímos um UAV a essa posição e recalculamos o valor apenas para essa estação de base. À medida que avançamos e atribuímos UAVs, temos sempre em mente todo o mapa, o que se aproxima do cenário ideal descrito no capítulo três. Este método teria todas as vantagens mencionadas no capítulo 3, incluindo a complexidade linear, a simplicidade de implementação e a semelhança com o cenário ideal. Também podemos alargar outros métodos para resolver este problema com vários UAVs . No entanto, como o mapa é considerado maior do que o mapa do capítulo 3, a complexidade das abordagens com uma complexidade superior à linear tornar-se-á muito dispendiosa. Podemos ainda utilizar a antecipação de uma abordagem para este problema, mas, como demonstrado no capítulo 3, essa abordagem pode não estar próxima da solução ideal. Outra solução, que pode não ser a melhor, consiste em distribuir os UAV proporcionalmente à população da área pelo tamanho da área. Este método pode ser o mais fácil e mais rápido, mas carece de precisão na cobertura efectiva. Estas são algumas das opções que temos para atribuir UAVs a cada subsistema, mas depois desta atribuição temos de falar sobre cada subsistema e como interagem uns com os outros a nível do sistema.

Agora que cada um destes subsistemas está atribuído e definido, é necessário discuti-los com mais pormenor. A primeira coisa que deve ser mencionada aqui é que pode haver diferentes conjuntos de estações de base com diferentes funcionalidades. Por exemplo, uma estação de base pode ser um UAV de topo de gama que envia os canais para outra estação de base ou pode ter algumas limitações quanto ao número de canais que pode gerir ou muitas outras diferenças. Estas diferenças são tidas em conta na atribuição de UAVs e devem ser tratadas na implantação, mas a discussão sobre várias estações de base e a sua combinação está para além do âmbito deste livro. Aqui não precisamos de nos concentrar nestas situações. Nesta secção, concentramo-nos na configuração do sistema, mais especificamente, se queremos que cada sistema seja um sistema separado ou um sistema composto por vários sub-sistemas, cada um com a sua própria estação de base.

A. Sistemas multi-sub

Num sistema multi-sub, depois de atribuir os UAV às estações de base, consideramos cada estação de base e os UAV que lhe foram atribuídos como um sub-sistema e partilhamos a informação de todos os sub-sistemas entre si através do lado da infraestrutura do sistema de comunicação. Também partilharemos algumas destas informações com os UAV, mas o limite das informações partilhadas deve depender da capacidade dos UAV que estamos a instalar. Uma vantagem simples desta configuração seria direcionar os UAV que perdem a ligação com uma estação de base defeituosa para outra estação de base próxima. Outra vantagem importante é que, quando estivermos a calcular o mapa da população para reconfiguração, podemos utilizar os dados de outras estações de base para conceber melhores acções. Vamos analisar um desses cenários. Após um determinado período de tempo, os utilizadores do mapa podem dirigir-se para uma localização específica do mapa que, antes disso, não estava muito ocupada. A isto chama-se migração dinâmica do mapa de população, que é uma ocorrência comum em zonas de catástrofe. Nestes casos, se as estações de base estiverem ligadas, podemos separar alguns dos UAV de várias estações de base e enviá-los para a estação de base mais próxima do centro de migração. No entanto, sem esta configuração , a taxa de serviço dos UAV diminuirá consideravelmente. A desvantagem desta configuração é a sobrecarga de comunicação interna que coloca no sistema, que pode ser considerável, uma vez que é proporcional ao número de estações de base e de UAV no sistema.

B. Sistemas de silos:

Num sistema baseado em silos, cada um dos subsistemas que implementámos seria um sistema separado que funcionaria sem qualquer comunicação entre si. Como é evidente, há muitas desvantagens nesta estratégia. Por exemplo, a falta de comunicação significa que não podemos utilizar a informação sobre as outras partes do mapa no nosso cálculo para obter uma melhor cobertura. Outra consequência importante seria a ocorrência de um erro numa das estações de base. Numa tal configuração, todos os UAVs pertencentes à estação base que falhou deixam de ter utilidade. A única vantagem desta configuração é a baixa sobrecarga na comunicação, porque a comunicação da estação de base utilizará a mesma infraestrutura que utilizamos para o serviço celular. Esta sobrecarga será percetível quando o número de estações de base for tão grande que a partilha de informações e a taxa de atualização da configuração do sistema interno interfiram com a capacidade do serviço. Mesmo nesses cenários, continuamos a sugerir a utilização de pequenos blocos de sistemas geograficamente próximos uns dos outros ou a redução da taxa de atualização. Como explicado anteriormente, os benefícios da utilização de um sistema multi-sub são muito maiores do que a sobrecarga que este coloca no sistema.

4.4.2. Frota de UAVs

Há muitas variações de UAS de que podemos falar, mas, como já foi referido, um dos atributos mais importantes de um UAS são os UAV utilizados. Como vimos no segundo capítulo, há vários tipos de UAV adequados para várias tarefas num UAS. No capítulo dois, falámos de UAVs que são supostos fornecer serviço celular aos utilizadores. Nesta secção, analisamos mais algumas funções que são úteis para o UAS com as missões que explicámos e tentamos explicar porque é que estes UAVs seriam benéficos e que orientações podemos utilizar para escolher estes UAVs. Começamos por falar de UAVs de reconhecimento e da sua importância. Passamos depois aos UAV de retransmissão e à forma como a utilização destes UAV pode alterar o nosso sistema. Por último, falaremos de outros UAV de utilização especial que podem ajudar-nos nos cenários de que falámos.

4.4.2.1. UAVs de reconhecimento

Como vimos ao longo deste livro, a adição de UAVs de reconhecimento aos UAS pode ser de grande valor. Já falámos sobre a ambiguidade do mapa após a primeira acumulação de mapas de população. Basta ter um UAV de reconhecimento que possa detetar o mapa para a primeira colocação e reconfiguração posterior, para termos um sistema muito mais eficiente. Falámos de muitos métodos de reconfiguração, mas, como explicámos, com a ajuda de UAV de reconhecimento, podemos utilizar o método de implantação muitas vezes e garantir que o sistema responde sempre às mudanças que desejamos. Estas alterações foram explicadas na secção de reconfiguração deste capítulo, mas a questão de saber que tipo de UAV seria útil ainda se mantém. Dependendo da carga útil e da precisão dos sistemas internos dos UAVs de reconhecimento, teríamos como resultado uma taxa de atualização do mapa da população. Esta taxa de atualização deve estar alinhada com a taxa de reconfiguração a que estamos a mudar as posições dos UAV. Mais do que isso seria um desperdício porque o sistema não pode ser reativo, menos do que isso e o sistema é reconfigurado com base em dados que não são recentes. A taxa de reconfiguração do sistema resulta de restrições físicas e da dinâmica do próprio mapa. Como tal, a taxa de atualização do mapa de reconhecimento depende dos mesmos parâmetros. Como exemplo para conceber a adição de UAVs de reconhecimento ao sistema, suponhamos que temos um sistema com uma taxa de atualização de 10 vezes por hora. Isto é uma indicação de que também precisamos de uma taxa de atualização de 10 vezes no nosso sistema de reconhecimento. Se tivermos acesso a UAVs de reconhecimento com uma taxa de atualização de cinco vezes o tamanho do mapa por hora, então precisaremos de dois desses UAVs para acompanhar o sistema. Existem diferentes abordagens para a utilização de UAVs de reconhecimento, muitas das quais abordam a aplicação de deteção de UAVs, pelo que aconselhamos o utilizador a ler para obter mais informações. No entanto, as abordagens de mapeamento simples do capítulo 3 continuam a ser viáveis e simples de implementar também para este sistema. Os atributos mais valiosos de um UAV de reconhecimento são a velocidade de varrimento, a precisão e a fiabilidade. Por causa da velocidade de varrimento, recomendamos a utilização de UAVs de asa fixa, de grande altitude e de longa duração, com carga útil suficiente para a deteção dos utilizadores. É claro que também podemos utilizar UAVs de média duração se a taxa de atualização permitir o período de recarga entre os exames. Outro compromisso seria escolher um UAV de altitude média para esta tarefa. Embora esta opção possa ser mais vantajosa do ponto de vista financeiro, há uma desvantagem na taxa de varrimento. Estas informações destinam-se a orientar a conceção do sistema, mas como os casos específicos estão para além do âmbito deste livro, deixamos os pormenores para a implementação.

4.4.2.2. UAVs de retransmissão

Os UAV de retransmissão são especialmente úteis em cenários em que a área de cobertura é grande e não é possível instalar muitas estações de base. Por UAV retransmissor entende-se um UAV que pode ligar-se a UAVs ou a uma estação de base a partir de uma distância maior do que a dos UAVs normais no UAS, com pouca ou nenhuma limitação do número de canais que pode retransmitir. Como tal, este tipo de UAV pode ser qualquer número de UAVs de ponta disponíveis comercialmente com longa resistência e alta carga útil. Como vimos no capítulo 3, num sistema com uma estação de base, a correlação entre o custo do serviço e a distância é polinomial. Este facto resultará num mau desempenho desse sistema em grandes áreas. A utilidade de um UAV deste tipo é que dará a um UAS com uma estação de base uma maior eficiência na prestação de serviços e não teremos tantos problemas de relocalização como se acrescentássemos uma estação terrestre. A elevada dinâmica deste sistema é evidente. Embora muitos sistemas possam não necessitar deste nível de dinamismo e este tipo de UAV possa não ser financeiramente viável, há muitos casos em que a utilização deste tipo de UAV pode resultar num sistema muito mais eficiente. Se decidirmos acrescentar este tipo de UAV ao sistema, podemos utilizar a informação de base do problema para determinar as caraterísticas do UAV. Eis um exemplo. Suponhamos que queremos dar cobertura a uma área de 10 km por 10 km. Temos uma estação de base que supomos estar no centro. Queremos adicionar quatro UAVs de retransmissão para apoiar o sistema. Temos 50 UAVs prestadores de serviços para apoiar esta área e não dispomos de mais nenhuma informação sobre a área. Neste caso, em média, cada UAV de retransmissão e a estação de base terão 10 UAV de prestação de serviços no seu subsistema. Se os diâmetros de visibilidade dos UAVs forem de 200M, os UAVs podem suportar uma linha de dois quilómetros se colocados lado a lado. Se assumirmos que a distribuição da população é uniformemente distribuída ou uma combinação de múltiplas distribuições normais, podemos deduzir que, dependendo da variância das distribuições, a distância efectiva a que uma estação de base pode fornecer cobertura seria próxima de um quilómetro. Se a população do mapa for de 50.000 pessoas, podemos ainda deduzir que a probabilidade de um centro com mais de 20.000 pessoas na sua área de cobertura é muito pequena, pelo que podemos utilizar 20.000 pessoas como capacidade para o UAV de retransmissão. Como vê, quanto mais informação tivermos sobre a área, mais exato será o sistema que podemos conceber, no entanto, isto pode não ser possível em muitos cenários. No capítulo dois, mostrámos exemplos de UAVs capazes de realizar tais tarefas.

4.4.2.3. UAVs de utilização especial

Na última parte desta secção, queremos falar sobre outros papéis que os UAVs podem assumir num sistema UAS que pode revelar-se muito útil e até mesmo salvar vidas. O primeiro papel sobre o qual queremos falar é a termografia. Existem scanners térmicos disponíveis no mercado que podem penetrar no solo até uma certa extensão e podemos utilizar esses scanners num UAV para procurar pessoas em zonas de catástrofe. Isto pode vir a salvar vidas. Podemos utilizar esta tecnologia para extrair dados das imagens tiradas pelo scanner e fornecer informações úteis sobre a situação da zona aos socorristas. Não se esqueça de que o calor do corpo flutua de formas específicas em diferentes situações, o que pode até resultar na possibilidade de fornecer informações sobre o tipo de lesão apenas através do rastreio da área. Nos mesmos cenários, os UAVs de baixo alcance e leves podem revelar-se críticos em missões de busca e salvamento efectuadas à noite. Existem muitas outras utilizações para os UAVs que podem ser consideradas úteis em diferentes missões para os UAS, no entanto, a discussão sobre estas utilizações está para além do âmbito deste livro. Apenas quisemos sugerir que podem existir mais tipos de UAVs úteis que podem ser adicionados ao UAS do que os que foram aqui referidos.

4.5. Hierarquia do subsistema

Como explicado nas secções anteriores, pode haver mais do que um subsistema no UAS. Estes subsistemas podem ter dependências entre si. Por exemplo, um UAV de retransmissão que está a apoiar um subsistema, mas que retransmite os canais para uma estação de base, depende dessa estação de base. Concebemos este livro para se basear num sistema ágil distribuído, no entanto, em muitos casos, alguns dos sub-sistemas podem ter acesso a mais recursos, como a capacidade de processamento, do que outros. Este facto pode ser visto como um fundamento para a conceção de um sistema hierárquico baseado em recursos e dependências que podem ser utilizados através de uma série de ligações mestre-escravo. Embora isto possa ser exato para grandes sistemas com centenas de UAV e dezenas de subsistemas, as vantagens de um sistema distribuído em UAS mais pequenos ultrapassam as vantagens de um sistema hierárquico simples. Não abordámos a configuração dos subsistemas neste livro, uma vez que este assunto depende muito do ambiente, do tipo de serviço e de muitas outras variáveis. No entanto, pretendemos introduzir aqui um substituto para o sistema hierárquico normal baseado na combinação de uma rede em malha hierárquica e de redes multiestrelas. Os sub-sistemas dependentes formarão aqui uma configuração multi-estrela. Basicamente, cada estação de base e todos os seus UAV dependentes formarão uma rede em várias estrelas, na qual a estação de base está ligada ao UAV principal dependente e ao seu próprio subsistema. Cada um dos subsistemas formará a sua própria rede em malha, dependendo da configuração do subsistema. Também podemos utilizar aqui uma configuração inicial, mas a conetividade adicional pode revelar-se útil para distribuir a sobrecarga de ligação e os canais. Agora, as estações de base de todos estes sistemas formarão um sistema em malha no lado da infraestrutura de base para distribuir informações sobre o seu sistema e o mapa. A figura 4.8 mostra este caso. Os subsistemas, quer sejam um sistema normal ou com um UAV retransmissor a funcionar como estação de base, terão uma configuração em malha. As estações de base têm elas próprias uma configuração em estrela e estão ligadas entre si através de uma espinha dorsal de comunicação.

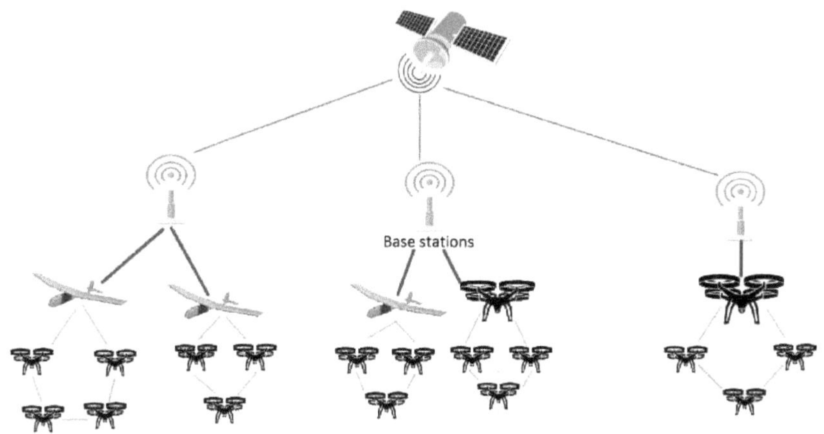

Figura 4.8: Configuração do sistema do UAS

Se dois subsistemas entrarem em contacto, podem também formar uma comunicação em malha, dependendo da disponibilidade dos recursos de comunicação e do custo da transferência da informação através das raízes. Este sistema aproxima-se de um sistema plano porque as raízes estão todas no mesmo nível, os subsistemas estão todos no mesmo nível e os outros UAVs estão todos no terceiro nível. Este sistema é mais reativo a falhas em qualquer posição do que a maioria dos sistemas híbridos ou hierárquicos puros. Esta configuração do sistema também suporta as interações dos subsistemas de que falaremos na próxima secção. Outros UAV, como os de varrimento, também podem ser adicionados a qualquer nível, dependendo do caminho e da função que vão desempenhar, e podemos obter mais fiabilidade desses UAV se os tivermos em níveis diferentes. Com esta secção, encerramos este capítulo.

Capítulo 5

5. Conclusão

5.1. Resultados

Neste trabalho, considerámos a possibilidade de reunir uma frota de UAV para fornecer serviços de comunicação sem fios quando necessário, com uma implantação rápida e uma cobertura óptima. Analisámos os componentes disponíveis comercialmente, bem como o que se espera que esteja disponível num futuro próximo, e discutimos as limitações que cada componente impõe a todo o sistema e à sua missão. Em particular, discutimos UAVs individuais, a carga útil de comunicação para os equipar e as estações de base para fornecer a ligação à espinha dorsal.

Depois, com um conjunto de limitações realistas, formulámos um problema para fornecer a cobertura máxima numa pequena área com dez UAV e uma estação de base. Foram introduzidas e simuladas três abordagens para a implantação de UAVs para diferentes amostras de mapas populacionais, utilizando uma abordagem de força bruta, uma abordagem gulosa (lookahead) e uma abordagem distribuída para a implantação inicial. Falámos de como a abordagem de força bruta, apesar de ser a melhor solução, não é normalmente realizável devido ao elevado poder de processamento que exigiria e de como a abordagem gulosa pode não resultar na convergência para a configuração ideal devido à falta de previsão. Em seguida, discutimos outras abordagens de antecipação e determinámos quantas etapas de antecipação seriam necessárias para a convergência da configuração para a configuração ideal. Em seguida, explicámos que essa abordagem, embora menos exigente em termos de energia, continua a requerer muita capacidade de processamento. Por isso, propusemos uma abordagem semelhante baseada na distribuição do mapa que convergirá para o cenário ideal e a sua complexidade será linear. Comparámos a cobertura destas abordagens em diferentes tipos de mapas populacionais, como o mapa uniformemente distribuído e o mapa normalmente distribuído com um ou mais centros, e mostrámos que a abordagem distribuída estará próxima do cenário ideal e não exigirá uma complexidade elevada para efeitos de tempo de implementação e reconfiguração.

Posteriormente, testámos o comportamento das abordagens de implementação em áreas maiores e em cenários extremos e introduzimos a recuperação de falhas do sistema e a reconfiguração do sistema. Foram estudadas e comparadas diferentes abordagens de reconfiguração em termos de complexidade e desempenho. Em seguida, passámos à cobertura em áreas maiores e utilizámos o sistema desenvolvido até este ponto como um bloco de construção para áreas maiores. Explicámos um sistema de estações de base múltiplas com capacidade limitada apenas pelo número de UAV. Falámos sobre a distribuição das estações de base em tal sistema e a configuração do sistema com muitas estações de base. Avançámos ainda mais o sistema, acrescentando funções adicionais a preencher pelos UAVs no UAS e explicámos como essas funções se enquadram na conceção do sistema.

5.2. Trabalhos futuros

A utilização de UASs para acrescentar dinamismo aos sistemas ou para substituir o sistema estático que utilizamos atualmente, torna a atual infraestrutura de comunicação mais fiável e reactiva em muitos casos.
Consequentemente, isto resultará numa melhor cobertura, menor custo e disponibilidade em situações em que não temos outras opções. O baixo tempo de implantação e a capacidade de reação destes sistemas são muito promissores em muitos cenários. Há muitas melhorias que podem ser feitas para concretizar ainda mais esses sistemas e aproximá-los da realidade. A mais importante seria a implementação e a comparação das abordagens de reconfiguração atualmente disponíveis com variáveis realistas. Outro tema importante seria investigar mais aprofundadamente as vantagens de configurações de sistemas como os sistemas multiestrelas e os sistemas em malha em cenários específicos e investigar a necessidade de comunicação do sistema no seu interior e a quantidade de sobrecarga que estas configurações do sistema irão colocar no sistema, o que resultará numa conceção de maior precisão. No que diz respeito ao hardware, a existência de mais UAV comerciais para preencher a lacuna entre os UAV de nível militar e os UAV amadores contribuirá para a realização destes sistemas com valor comercial efetivo.

Por outro lado, há alguns pormenores na conceção da configuração que podem ser implementados e comparados. Na conceção mencionada no capítulo 4, as interações do subsistema ainda necessitam de alguma investigação. Estas interações podem ser classificadas em três tipos diferentes de interação.

A) Interações especiais dos UAV:

Nas interações especiais entre UAVs, é necessário conceber uma forma de interação entre UAVs com funções diferentes, para além da prestação de serviços e dos subsistemas de transferência de dados. Como exemplo de tal interação, um UAV de reconhecimento que tem a função de fazer o scan de metade da área precisa de transferir os dados do scan para o sistema. Isto pode ser feito terminando primeiro o rastreio e depois retransmitindo-o a uma ou mais raízes num ciclo. No entanto, também podemos estar ao alcance de sub-sistemas durante o rastreio. Devemos transmitir parte da informação quando estamos a passar ou esperar para estar ao alcance de uma raiz? Devemos transmitir a informação a uma raiz e deixar que essa raiz sincronize a informação nas outras raízes ou devemos servir a raiz através do UAV de exploração? Que conceção resultaria em menos sobrecarga e mais fiabilidade em caso de falha? Como vê, há muitas questões nesta área que necessitam de uma implementação e comparação extensivas da conceção.

B) Reunião do subsistema:

Os subsistemas podem, por vezes, estar próximos uns dos outros no lado do UAV prestador de serviços. Será que se pretende estabelecer uma ligação se tal situação se verificar? Em caso afirmativo, queremos que um UAV possa fazer parte de dois ou mais subsistemas ao mesmo tempo ou queremos que estes nós actuem como nós de comunicação para os dados Meta do subsistema? Que sobrecarga acrescentariam estas concepções ao sistema e como se comparariam umas com as outras? O que significaria a falha destes nós nestes sistemas? Como vê, o trabalho aqui consiste em implementar estes sistemas em vários ambientes e compará-los entre si em termos de eficiência, despesas gerais e tolerância a falhas.

C) Contração de empréstimos

Há muitos casos em que os subsistemas beneficiarão do conceito de empréstimo. Por exemplo, se um subsistema estiver a enfrentar uma procura elevada e outro subsistema dispuser de UAV com uma taxa de serviço mais baixa, deveremos poder transferir o UAV de um sistema para outro. Em primeiro lugar, a questão é saber como é que queremos calcular a necessidade. Queremos ter sempre a melhor taxa de serviço com um UAV adicional e o serviço mais baixo prestado em cada subsistema disponível e compará-los em cada reconfiguração ou queremos colocar mais variáveis, como a distância entre dois subsistemas, também em consideração? Depois de decidir a transferência, como é que cada subsistema se reconfiguraria e onde é que o novo UAV seria adicionado? Substituiria o UAV mais próximo e todo o sistema se deslocaria ou enviá-lo-ia para a nova posição? Poderão os subsistemas pedir emprestado poder de processamento uns aos outros e atuar como um processador de múltiplos núcleos?

Estas são algumas das ideias pormenorizadas em matéria de conceção que necessitam de mais investigação e resultados para podermos solidificar ainda mais as respostas adequadas ao problema e ao ambiente com que nos deparamos e criar melhores soluções. A quantidade de trabalhos nestas áreas é substancialmente baixa, especialmente os que utilizam os UAS como tema principal e, como referido nos capítulos um e dois, os UAS apresentam comportamentos diferentes dos de outros sistemas.

Bibliografia

[1] K. Kingston, "The Importance Of Cell Phones In Modern Society", 21 de dezembro de 2004. [Online]. Disponível: http://ezinearticles.com/?The-Importance-Of-Cell-Phones-In-Modern-Society&id=7446. [Acedido em 16 de maio de 2016].

[2] Governo dos EUA, "Public Safety & Disaster Relief", [Online]. Disponível: http://www.gps.gov/applications/safety/. [Acedido em 20 de abril de 2016].

[3] D. Johnson, "In-Depth Study Reveals How Drones Can Help in All Phases of a Disaster", 18 de maio de 2015. [Online]. Disponível: http://www.claimsjournal.com/news/national/2015/05/18/263420.htm. [Acedido em 14 de abril de 2016].

[4] D. Wang, "The Economics of Drone Delivery," [Em linha]. Disponível: https://www.flexport.com/blog/drone-delivery-economics/. [Acedido em 5 de maio de 2016].

[5] L. Gupta, R. Jain e G. Vaszkun, "Survey of Important Issues in UAV Communication Networks," *IEEE Communications Surveys & Tutorials,* vol. 18, no. 2, pp. 1-13, 2016.

[6] J. T. K. Ping, T. J. Q. Ang Eng Ling e C. Y. Dat, "Generic Unmanned Aerial Vehicle (UAV) for civilian," in *IEEE Conference on Sustainable Utilization and Development in Engineering and Technology (STUDENT)*, Kuala Lumpur, 2012.

[7] A. Giagkos, M. S. Wilson e E. Tuci, "Comparing approaches for coordination of," in *International Conference on Unmanned Aircraft Systems (ICUAS)*, Arlington, 2016.

[8] Y. Chen, H. Zhang e M. Xu, "The Coverage Problem in UAV Network: A Survey", na *Conferência Internacional sobre Tecnologias de Computação, Comunicação e Redes (ICCCNT)*, Hefei, 2014.

[9] R. Mulligan e H. M. Ammari, "Coverage in Wireless Sensor Networks: A Survey," *Network Protocols and Algorithms,* vol. II, no. 2, pp. 27-53, 2010.

[10] Q. A. Abdullah, "Classification of the Unmanned Aerial Systems", [Em linha]. Disponível: https://www.e-education.psu.edu/geog892/node/5. [Acedido em 10 de maio de 2016].

[11] "RC Micro Drone", sharper image, [Em linha]. Disponível: https://www.sharperimage.com/si/view/product/RC+Micro+Drone/203803.

[12] "Swing", Parrot, [Online]. Disponível: https://www.parrot.com/us/minidrones/parrot-Swing#parrot- swing.

[13] "Typhoon," Yuneec ElectricAviation, [Em linha]. Disponível: http://fly.yuneec.com/typhoon-promo-999.

[14] "SVU-200," Sunward, [Em linha]. Disponível: http://en.sunwardtech.com/product/pgaishu-detail.jsp?id=2569.

[15] "predator xp," General Atomics, [Online]. Disponível: http://www.ga-asi.com/predator-xp.

[16] "globalhawk," Northrop Grumman, [Em linha]. Disponível:

http://www.northropgrumman.com/capabilities/globalhawk/Pages/default.aspx.

[17] Exército dos EUA, "US Army UAS RoadMap", [Em linha]. Disponível: http://www.rucker.army.mil/usaace/uas/US%20Army%20UAS%20RoadMap%202010%202035.pdf.

[18] S. Houston, "Maximum Takeoff Weight (MTOW)", 11 de julho de 2016. [Online]. Disponível: https://www.thebalance.com/maximum-takeoff-weight-mtow-282722.

[19] "RQ-11," Aeroviroment, [Online]. Disponível: https://en.wikipedia.org/wiki/AeroVironment_RQ- 11_Raven.

[20] "RQ-7 Shadow," AAI Corporation, [Online]. Disponível: https://en.wikipedia.org/wiki/AAI_RQ-7_Shadow.

[21] "MQ-5B Hunter," Northrop Grumman, [Online]. Disponível: http://www.northropgrumman.com/AboutUs/BusinessSectors/TechnicalServices/Documents/MQ- 5B_Hunter.pdf.

[22] "Aero M," 3DR, [Em linha]. Disponível: http://3dr.com/support/articles/207681823/aero_m/.

[23] "Matrix-I," Turbo Ace, [Online]. Disponível: http://www.turboace.com/matrix-irtf.aspx.

[24] "H2," Energy Or, [Em linha]. Disponível: http://www.energyor.com/products/detail//h2-endurance- uav.

[25] "EADS 3 Sigma", grego 3 sigma, [Em linha]. Disponível: https://en.wikipedia.org/wiki/EADS_3_Sigma_Nearchos.

[26] " United 40 UAV," ADCOM Systems, [Online]. Disponível: http://www.militaryfactory.com/aircraft/detail.asp?aircraft_id=1197.

[27] Airtronics Inc, [Online]. Disponível: http://www.airtronicsinc.com/airtronics-blog/difference-fixed- wing-rotary-wing-aircraft/.

[28] "Global Observer High Altitude Long Endurance UAV," AeroVironment, [Online]. Disponível: http://www.airforce-technology.com/projects/globalobserverunmann.

[29] "Phantom eye", Boeing, [Em linha]. Disponível: http://www.boeing.com/defense/phantom-eye/#/technical_specs.

[30] "Remote Mobility Zone," AT&T, [Online]. Disponível: https://www.wireless.att.com/businesscenter/business-programs/mid-large/remote-mobility-

zone.jsp.

[31] "pCom® XL," Squire Tech Solutions, LLC, [Online]. Disponível: http://www.squiretechsolutions.com/pcom-xl-satellite-trailer/.

[32] E. M. Trono, M. Fujimoto, H. Suwa, Y. Arakawa, M. Takai e K. Yasumoto, "Disaster Area Mapping Using Spatially-Distributed," in *International Workshop on the Impact of Human*

Mobility in Pervasive Systems and Applications, PerMoby, 2016.

[33] M. Nakatsui, K. Horimoto, F. Lemaire, A. U "rgu "plu "3, A. Sedoglavic e F. Boulier, "Brute force meets Bruno force in parameter optimisation: introduction of novel constraints for parameter accuracy improvement by symbolic computation," *IET Systems Biology,* vol. 5, no. 5, pp. 1-3, 2011.

[34] T. H. Cormen, C. E. Leiserson, R. L. Rivest e C. Stein, em *Introduction to algorithms* , Cambridge, The MIT Press, 2009, pp. 379-380.

[35] C. U. Heri and O. Dagdeviren, "Performance Evaluation of Distributed Maximum," in *Digital Information and Communication Technology and its Applications (DICTAP)*, Konya, 2016.

[36] in *Proceedings of the Sixth Annual ACM-SIAM Symposium on Discrete Algorithms* , San Francisco, Society for Industrial and Applied Mathematics, 1995, pp. 431-433.

[37] P. Panitsrisit and A. Ruangwiset, "Sensor System for Fault Detection Identification and Accommodation of Elevator of UAV," in *SICE Annual Conference*, Tokyo, 2011.

[38] "Game Theory," Investopedia, [Online]. Disponível: http://www.investopedia.com/terms/g/gametheory.asp.

[39] A. Brandenburger, "World Scientific Series in Economic Theory: Volume 5", em *The Language of Game Theory : Putting Epistemics into the Mathematics of Games*, Nova Iorque, World Scientific Publishing Company, 2014, pp. 19-117.

[40] M. J. Osborne, em *An Introduction to Game Theory*, Oxford University Press, 2004, pp. 9-94.

Curriculum Vitae

Universidade de Nevada, Las Vegas

Nima Mohseni

Número de telefone: (702)-372-9090

Endereço de correio eletrónico: nima.mohseni90@gmail.com

Educação

Mestrado em Engenharia Eletrotécnica e de Computadores

Universidade de Nevada, Las Vegas

Licenciatura em Engenharia de Software

Universidade de Ciência e Tecnologia do Irão

Experiência profissional

Programador de software
MGM Resorts International

Assistente de investigação
Universidade de Nevada, Las Vegas

Programador de software sénior
N.I.G.C

Programador de software
Empresa siderúrgica Mobarakeh de Esfahan

Printed by Books on Demand GmbH, Norderstedt / Germany